華志文化

華志文化

靈異語言知多少

一本解開神祕語言內幕的專書

作者勉為構設了一套足夠祛疑釋惑並能指引塵俗出路的靈異語言學，內容揭露：

- ■「靈異語言的基本認知」
- ■「靈異語言的物質性及其被使用情況」
- ■「靈異語言的表義過程和訊息交流」
- ■「靈異語言的心理和社會因緣」
- ■「靈異語言的歷史文化背景」
- ■「靈異語言學在後全球化時代所能扮演的角色」

周慶華
◎著

等環扣面向，而又自行衍繹了具實質性的靈異語言哲學／靈異語言應用學／靈異語言符號學／靈異語言心理學／靈異語言社會學／靈異語言文化學／靈異語言價值學等次學科，合而展現一門世所罕見的新學問。

這門新學問，除了可以用來解釋各種牽涉靈異語言的案例，還可以藉為在成就最新認知的範疇／道德昇華的憑藉／豐富審美的資源等連動價值上擔負引領世人「向上一路」的任務，並且從最迫切的時代困局中找出癥結點而完成後文化治療的強顯使命。

書內容簡介

靈異語言乃伴隨靈異現象而出現的語言，指涉著人所不知的靈界事／己身事／物存事／其他事等，遠超出現實語言能及的範圍，為世俗學問所未嘗涵蓋。此項遺憾，總得有一門新學科來彌補，使它成就最新認知的範疇／道德昇華的憑藉／豐富審美的資源等效應。本書正窮盡所能擔負起這樣的任務，深入探討了環繞靈異語言各個層面的課題，也精細預估了靈異語言成學後所可以在新時代發揮後文化治療的功用，堪稱是一本特能應時所需的高價性著作。

作者簡介

周慶華，文學博士，曾任臺東大學語文教育研究所所長，現已退休。著有《語言文化學》、《走訪哲學後花園》、《語文符號學》、《死亡學》、《靈異學》、《後宗教學》、《身體權力學》、《反全球化的新語境》、《生態災難與靈療》、《文化治療》、《解脫的智慧》、《跟君子有約——在全球化風險中找出路》等六十多種。

後全球化思潮叢書企畫

　　西方人所主導全球化的人口、金融、資訊科技和商品等流動現象的全球化風潮，在歷經幾個世紀的衝撞後已經快到強弩末端了。而當今許多綠能經濟的倡議，以及諸如中國、印度、巴西和非洲等的崛起，不啻在預告全球化必須走向下一步「後全球化」了。只不過綠能經濟所強調的再利用和開發新能源等觀念和作為，僅是轉成綠色資本主義還是老套，並非真有助於終結能趨疲（entropy，熵）的危殆；而第三世界的崛起，儼然一切以重構文明或再造文明的新意識在主導經濟和科技的運作，但情況卻無法這麼樂觀，因為西方強權所帶動的全球化就要耗用完地球的資源，第三世界崛起除了拾人唾餘，還得分攤環境汙染和生態失衡等後果，根本沒有什麼遠景可以期待。因此，所謂後全球化的後，它的意義就得越過這一新經濟和西方強權轉弱的假象而從逆反全球化來確立。

　　逆反全球化，在當今已有遍布於世界各地的原始主義、社會改良主義、民族主義、原教旨主義和馬克斯主義等在策畫行動，但實際上它們被操作時僅是消極抵抗或不附和而未能極力批判，到頭來都成了全球化的組構成分而欲後無由。畢竟全球化背後的資本主義邏輯和軍事或文化殖民的征服等因由，才是當中的關鍵，反全球化就是要以它為對象；而如今所見的相關作為卻都是以另起類似的因由在籌謀對策，自然罕有成效可說。因此，只有徹底逆反全球化，才是大家能夠繼續在地球上存活的唯一保證。

　　基於這個前提，後全球化必須有周密且強而見力的思維來領航，以便人類知所從新安頓生命和永續經營地球等，開創性自是此中最大的期待。以至這裏就有了後全球化思潮叢書的企畫構想，凡是直接思索後全球化當如何的，或者可以跟後全球化需求相涉相發的，

或者看似有距離實是在引領新一波思潮的專著，都竭誠歡迎。

在直接思索後全球化當如何的和可以跟後全球化需求相涉相發的專著部分，乃依需訂題；而在看似有距離實是在引領新一波思潮的專著，則可取例如下：新符號學、新敘事學、新語言學、新詮釋學、新宗教學、新倫理學、新形上學、新儒學、新道學、新佛學、新仙學、新神學、新靈學、新文學學、新藝術學、新美學、新科學哲學、新知識學、新政治學、新經濟學、新資訊學、新電影學、新趨勢學、新人學、新物學、新心學、新宇宙學、新生命科學、新老人學、新環境生態學等。

編輯部

序：打開天窗說靈話

　　世間事物本就無奇不有，但唯物論者卻能專對可經驗的靈異事件予以譏斥抵拒；這樣更聚焦的伴隨各種靈異現象而來的語言自然也無復見容了。這麼一來，不僅廣知的欲求有虧，連道德的良窳和審美的富含與否等攸關人生品質的計慮都沒著落了，實在是一件很弔詭且難以諒解的事！

　　為了不讓這種缺憾繼續存在，我個人勉為構設了一套足夠袪疑釋惑並能指引塵俗出路的靈異語言學。內容多有揭露「靈異語言的基本認知」／「靈異語言的物質性及其被使用情況」／「靈異語言的表義過程和訊息交流」／「靈異語言的心理和社會因緣」／「靈異語言的歷史文化背景」／「靈異語言學在後全球化時代所能扮演的角色」等環扣面向，而又自行衍繹了具實質性的靈異語言哲學／靈異語言應用學／靈異語言符號學／靈異語言心理學／靈異語言社會學／靈異語言文化學／靈異語言價值學等次學科，合而展現一門世所罕見的新學問。

　　這門新學問，除了可以用來解釋各種牽涉靈異語言的案例，還可以藉為在成就最新認知的範疇／道德昇華的憑藉／豐富審美的資源等連動價值上擔負引領世人「向上一路」的任務，並且從最迫切的時代困局中找出癥結點而完成後文化治療的強顯使命。也因此，過去有如被拘禁在暗室的各種靈異語言，在經過我這般「打開天窗」徹照隅隙後，再也不是什麼隱祕不可釋放的對象。而所謂「說靈話」（說關於靈的話）中的靈，所包括從靈→靈異→靈異語言漸次焦點化後予以細論的結果，更顯出它在領航世路上的優著不可或缺性，誰錯過了參研誰大概就要長叫遺憾隨行！

　　雖然相關靈學的研究在西方社會引發已有百多年歷史，但它卻

僅限於靈異現象的複製鋪敘以及靈感和靈療經驗的探索應用等素樸層面，至如多方位觀照統彙這一較雅致的理論建構則還匱缺，致使我個人所開啟的研究視野及探索成果則可以充當一個涉靈嚴肅學科建立的起點。

這在先前所出版的《靈異學》已經詳為勾勒；而在《生態災難與靈療》和《文化治療》中又多有著墨。此外，散見於《中國符號學》、《死亡學》、《語用符號學》、《走訪哲學後花園》、《從通識教育到語文教育》、《轉傳統為開新——另眼看待漢文化》、《反全球化的語境》和《解脫的智慧》等，仍不忘要給它留點篇幅。如今更以一本專業的靈異語言學來總綰此中的關懷和期許，但願權取《靈異語言知多少》書名的寓意能夠緣於本論述的完成而趨向十分明朗化，大家藉著它終將會了悟「所知確是儘多了」，從而把來時路所有的疑惑全拋到九霄雲外。

周慶華

目　次

第一章　一門新學科的建立

第一節　靈異學的最新增設

　　有計畫的靈異研究，始於十九世紀英國的「心靈研究學會」。該學會不但從事科學調查靈異事件，還創辦《心靈研究學會期刊》廣為宣傳。此後相關的研究團體及其組織（有的甚至逕取名為「國際鬼魂探尋協會」），在歐美社會就如雨後春筍般崛起蔓延（Mary Roach，2019：107、161）。其實，以靈異為關注對象而顯出神祕學問的雛型現象，早已開啟。如西方人對《聖經》異象和古希臘神話靈變的探究、東方人對印度吠陀典籍轉世業報和中國傳統卜筮神示的討較，以及世界各地所見有關薩滿習俗的傳承和鑽研等，都表明了靈異的存在跟人類的文化史一樣悠久。

　　這種緣於研究靈異課題而形成的神祕學問，向來有神學、玄學、神祕學、妖怪學、靈學、靈魂學、魔鬼學、魔幻學、靈感學和超心理學等不同的命名（Phil Cousineau 主編，1998；David F. Ford，2000；Wolfgang Behringer，2005；井上圓了，1989；陶伯華等，1993；姚周輝，1994；艾畦，2001；橫山國際靈學教育委員會編著，2005；黃振輝，2005；歐崇敬，2007；張開基，2013）；只是為了方便指實以及容易看出它的殊異處，還得以最常被稱呼的靈異當限制詞許定為靈異學（有個「異」字比較可以凸顯學科的特性），從而收攝相關名詞性的靈現異象、動詞性的感靈駭異和形容詞性的神靈怪異等可識別對象（一般所指稱的「靈異傳奇」、「靈異經驗」和「靈異世界」等，就是來自該差異詞性的隨機轉義）（周慶華，2006a：1～2）。這麼一來，靈異學所要處理的總是關連一個非肉體式的實體（靈）及其顯現超常行為（異）的問題。而這在人見鬼神或人能行類鬼神事

的案例中，已經肇端而有實質靈異學可以發揮的空間。如《晉書·干寶傳》和《高僧傳》分別所載：

> 寶兄嘗病氣絕，積日不冷，後遂悟，云見天地間鬼神事，如夢覺，不自知死。寶以此遂撰集古今神祇靈異，人物變化，名為《搜神記》。（房玄齡等，1979：2150）

> 耆域者，天竺人。周流華戎，靡有常所；而倜儻神奇，任性忽俗，迹行不恆，時人莫之能測。自發天竺，至於扶南，經諸海濱，爰及交廣，並有靈異。（慧皎，1974：388 上）

先前有關辭書，將上引文中的靈異解為「神怪」或「靈妙不可思議的事」（臺灣商務印書館編審委員會編，1978：2285；丁福保編，1992：2978），這雖然大致不差（偏重在解靈異的形容詞性），但畢竟不如上面所作的詞性分疏有足夠稱名和論說的餘地。因此，所謂的靈異學，就是沿著一條有細密概念架構且衍為多重理路而部勒成形的。它理當能夠自煥姿采而使靈異經驗在超越俗見中成為「最新認知的範疇」、「道德昇華的憑藉」和「豐富審美的資源」等所可以達致的新學科效應；而對於難以避免所不克盡意得再「深化所開發的一些課題且儘可能擴大例證的範圍」、「頗有新闢課題的空間」和「反向的靈異世俗學的亟待成形」等嘗試為今後開拓進階指標也自有實見的方向（周慶華，2006a：12～21、314～317），很值得世學敞開邊界來涵融接納它。

　　靈異學的這種跟世學的相涉互攝性，在我早先從事的理論建構及其應用中已有相當的規模和實效性。前者（指理論建構），在試圖極大化相關知性談論的範域此一前提下，我所完構的事涉概念的設

定、命題的建立和命題的演繹等，都已盡情鋪陳過：它除了有靈異學的性質和範圍的自我限定，更有為可能的靈異科學、靈異哲學、靈異心理學、靈異社會學、靈異宗教學、靈異文化學、靈異符號學、靈異權力學和靈異價值學等次學科裁製形貌；而所依次順理推衍的「靈異科學的可能性」、「後設靈異哲學」、「一個基進的靈異心理學觀點」、「專屬於靈的社會學」、「靈異宗教學的缺漏和補救」、「我們需要什麼樣的靈異文化學」、「靈異符號學的未來發展」、「可以期待的靈異權力學」和「新科靈異價值學的新規範」等進層式的課題，則是展望下一波靈異學研究的先聲（周慶華，2006a：23～309）。後者（指應用），則依所建構的理論對各種靈異現象都能給予合理的解釋而不致再有疑義，這早就有我的《靈異學》一書作見證；此外後出《生態災難與靈療》一書，乃進一步從理解生態鉅變必現靈異中證實了災難靈異學的存活度，並且嘗試創立靈療的新紀元以為生態災難提出有效的拯救對策，應驗則隨時可以在自我療癒的具體案例上得著檢證，確信以此自成式的新靈療觀有助於開啟緩和輪迴壓力和特能因應能趨疲（entropy，熵）危機的稀罕新遠景（周慶華，2011a：127～208）。

顯然靈異學所能解釋超現實事物的有效性，已經使得它在學問的增衍上無處擔負著「開路先鋒」的角色。換句話說，沒有一種學問像靈異學這樣可以對神祕領域深入的發言以及能夠提點理解的新方向，以至它的正當性也就不待眾人來證實，所見的基進探取一項特徵早已為它裝備了可被認同的基本條件。在這種情況下，倘若還能議論焦點化在靈異所透顯的伴隨性語言上，那麼一門可詡為最新的靈異語言學就有機會增設了。這一增設，對靈異學大範疇來說，既能挖深又可拓廣，總有更為「名實相副」的理據足以標舉（也就是靈異學豈能不涵蓋靈異語言學而還可以盛稱完備呢！）

　　例子如「它（祂）操著靈語：『ΨΦεΠЖΩД……』不斷地向師姑訴說心中的苦悶」（宇色，2011：56）、「我首度和媽媽一同前往，沒想到已被濟公活佛附身的乩身一見到我就說：『弟子啊，你有在唸佛，但你唸南無「窩」彌陀佛唸錯啦，要唸南無「阿」彌陀佛才對』」（廖雨辰，2011：45）和「然而就在女兒五歲那年，某天夜裏鹿神姬正要就寢時，聽到外面有許多黑影（瘟神）在對話的聲音：『嘿嘿，我們很久沒這麼快樂了，準備好開始散播瘟疫吧！』」（周鼎國，2018：182）等，這在靈異學的其他次學科（如靈異符號學和靈異宗教學等），固然能將當中雙引號內的句子分別詮釋為外靈所慣使為顯己能的異系統語言（祂還熟用己系統語言）、外靈所體現且不容誤讀的神聖佛號和外靈所操縱可外發為警示作用的行動誌記以及全部帶有東方宗教的色彩等，但對於該用語的物質性及其語用模式和更深心理／社會／文化機制等，上述靈異學的次學科就無能為力而有待靈異語言學的構設來加以解析研判。所以說靈異語言學的建立就不是徒然為了增設一門新學科，而是實有著內在補足理義的特殊功能，可以讓整體靈異學看起來更富通透性也更有依憑價值。

第二節　靈異語言學的理論和實際需求

　　如果僅就靈異語言學所以要強為或勉為構設來說（而暫時不計對整體靈異學的邊界拓寬功能），那麼此地就得把直接關係它的需求性從理論和實際兩方面給予貞定，才有繼續昌論的充足理由（否則連它的需求性都不知道還能論述什麼）。這是作為一門新學科的必要自我交代，也是旁人檢視學術所難免會有的反向要求，總得在開端一次講清楚說明白，以便後面相關理路的順適鋪展。

　　通常使用靈異一詞的人，都是要用它來指涉神祕或非泛泛的經驗。這種神祕或非泛泛的經驗，在語用學的層次上說是一個亟欲引人驚悚共感的媒介，終究不同於一般的言說交流。由於它在隨機轉義的過程中，始終扣緊著該非肉體式的實體及其所極力顯現的超常行為，以至持肯定態度的人都說它是實有且可經驗的，而持否定態度的人則又搬出科學不能檢證一類道理來搪塞，造成一個靈異問題還沒形成就先碰壁爆裂而得勞有心人來綴合繹理。因此，最先決的「靈異是什麼」這個課題的自我設定，就是基於靈異已經是被「紛紜其說」的對象而再有所說就得分疏得宜這一前提，它要在論說的起點上擔任一個管控或先發的角色。即使不為這個，它至少也是立論的開端，所要收攝的是靈異所可能被發掘論斷的成果（周慶華，2006a：2～3）。同樣的，分衍性的「靈異語言是什麼」此一本脈絡首要課題，也是針對既有相關的神祕交流經驗而設定的。它一方面要為還在信見歧路上的人祛疑解惑；一方面則要為一種可能的知識建立奠基。

　　這倘若回到原初的靈異本身以辨識它不是一個見仁見智虛擬而是用詞真憑實有的話，那麼前節所說的靈現異象／感靈駭異／神靈怪異等，就是靈異的脈絡意涵（隨脈絡而有的意涵）；這時它所會被

質疑的外在指涉的有無以及是否可以進一步取信於人等,就都無關靈異要在論說上成立的宏旨了。換句話說,「靈異是什麼」此一課題也可以逼問它的外在指涉(以便引人同趨採信),但它在沒有經由論說的程序前是不具有指涉功能的;而當它在經由論說的程序後,既是已經被論說定了它自然就只能由論說來終極保障它的存在。這個道理也不難懂:如果我們沒有給靈異作過界說或限定,那麼又怎會知道有相關的事件或現象被靈異一詞所指涉?而既然形塑了靈異的定義,那麼所成就的論說就是它的存在最牢靠的說明(周慶華,2006a:5)。相同的,「靈異語言是什麼」也是緣於此項理路所設定的,許它乃靈現異象或感靈駭異或神靈怪異時所伴隨的外靈殊異的語言而不涉及其他(後面這部分包括外靈所述為人所能表出的語言和人仿效所述非可證驗於外靈的殊異語言等)。如「突然,她從座位上跳起來,搖搖晃晃地站著。『Silentuim strictissimum!』簡直令人不敢相信,那粗暴嚴峻的聲音確確實實是個男人,旁人說這就是那位自殺的學者。我們和那個女人都不懂這幾個字是什麼意思,只知道是一種很奇怪的語言」(Carl B. Becker,1997:10),文中雙引號內的語言乃外靈附身所伴隨的(屬感靈駭異一系的),頗不尋常,正可歸在所界定靈異語言的範域。反過來,類似「最後十秒又繼續一段很模糊的男性聲音,聽到『不要!我不要死!不要死在這裏』。一分鐘到了,語音自動切斷。錄音的時間是當年五月三十日,也就是華航罹難者頭七的前一天」(O'MARA Foundation,2005a:150)和「在他生命的最後幾天,他的父親對他低語:『飛翔吧!大衛,飛到一個特別的地方去。』他死在父親的臂彎中,最後一次飛離他疼痛的身軀」(Melvin Morse 等,1994:196)等所夾帶框限的語言,這所紀錄的為空難者的留言和作為父親的給死亡中兒子的慰語,一為人在恐懼死亡時也能如此表出一為所述去處無可證驗於外靈,都不能算數(不

然會因質性鬆散而拖累或干擾相關論述的進行）。

　　此外，原「靈異是什麼」的課題，還可以反向設定為「靈異可以成為什麼」。後者會比前者更不易受誤解；前者的提問好像是在找尋一個已定而未被認真看待的對象（靈異），而事實上該對象卻是存在論說裏。因此，把它轉成「靈異可以成為什麼」，在語意上就可以涵蓋「靈異是什麼」且又自我聲明了靈異存在於論說中的本義。但不論如何，所有相關靈異問題的提出，都要在論說自足的餘暇，能夠被廣為檢證。這種檢證，不純為認知的真假旨趣，還兼為道德的規範良窳或審美的情操富否作預備（知識的另二種形態），期望一舉解決世間學問的非盡世間性的終極問題（周慶華，2006a：5～6）。一樣的，有關靈異語言的課題進展到「靈異語言可以成為什麼」這項論說設定階段，也是秉持同一個理路；它所要通徹一般語言的連續直貫性而使得它的可理解基礎不為虛發一事，自然也在開端處給了新學科著記了鮮明的標誌。

　　從「靈異語言是什麼」到「靈異語言可以成為什麼」提問的轉換，不啻更加深了靈異語言作為被探討對象所留給人的印象，而這就是靈異語言學此一新學科在構設時勢必要滿足理論和實際需求的前沿地帶（少了此地帶，靈異語言學就會先喪失可以擁有的部分采邑）。也就是說，相關「靈異語言可以成為什麼」的追問，已經不是為純粹的描述而是要推進到價值的領域，總得有一番合理的說詞來肯定所要接續建立新學科的必要性。這樣由論說所保障的靈異語言可以成為靈異語言學探討的對象後，我們就能夠進一步從靈異經驗分衍出（或焦點化）靈異語言經驗本身著眼而加以確立此一事項必要成為學問的學問性格。

　　大致上，世間的學問總括有認知取向的、道德（規範）取向的和審美取向的等三大領域（周慶華，2005；2007a；2011b），它們都

是透過「學」（仿效）和「問」（探究）事物而整理或創發出來的。當中認知取向的領域，一向被視為是學問的典範；而一般所謂的知識，就以它為代表或逕自予以等同（其實其他兩個領域也具知識性而同樣可以認知）。這顯然忽略了一個事實：那就是認知取向的學問所「證實」為真或「否證」為假的那些東西（Karl R. Popper，1989），本身並沒有先驗性；它也是經由人為後驗的構設且約定俗成而可能的（沈國鈞，1987；陳秉璋，1990，周慶華，2004）。因此，推擴開來而將靈異經驗納入，一樣許一個知識對象，也就毋須大驚小怪；它的條陳得宜，依然有獲得眾人認可而躋升知識殿堂的機會。更何況還有道德取向和審美取向的部分，它們跟靈異經驗的交集特多，很可以藉為推衍這兩大領域學問的無限深度（周慶華，2006a：6～7）。靈異語言經驗的狀況，當然也不例外；尤其是它的明著性（都會被框限而在可察覺的範圍），更能顯示靈異學問和世間學問的無從絕對分離特徵（差別只在前者多了一份神祕性）。

再換個角度看，靈異所以為靈異，是因為它有別於非靈異，但非靈異的世間性也未必是純然自足的。就取神話這一最早的靈異傳聞或反映來對觀，它所開啟人類的智識功能自然不必多說，光以它所衍生出來的言說且累代都在散發魅力的就不知道凡幾（Joseph Campbell，1997；Claude Lévi-Strauss，2001；Karen Armstrong，2005；Veronica lons，2005；森安太郎，1979；袁珂，1995；關永中，1997；蕭兵，2001；王德保，2002）。這種隨機兼深微的影響力（影響了世間學問的構設），豈容我們以一句「無驗」或「無稽」而輕易的加以漠視或否定？在這個前提下，從新來建構一門涉及靈異關世的學問，不也有它的急迫性而可以跟世學並駕齊驅或分庭抗禮？試想當我們看到《神異經》、《神仙傳》、《搜神記》、《述異記》、《還魂記》、《神仙感遇傳》、《三教源流搜神大全》、《神仙鑑》、《聊齋誌異》、《閱微

草堂筆記》和《神怪大典》等在中土流傳且被有效輯錄保存的神仙鬼怪傳奇（紀曉嵐，1977；蒲松齡，1984；王謨輯，1988；蔣廷錫等編，1991；捷幼出版社編輯部主編，1992），以及看到像《不可思議的超能力》、《不可思議的生命輪迴》、《超自然的神祕世界》、《超文明的神祕力量》、《令人戰慄的神祕咒語》、《超自然的神祕現象》、《令人戰慄的神祕地域》、《穿梭空間的時光隧道》和《光怪陸離的生物謎團》等匯集整理發生於世界各地的神祕奇妙異聞（Steven R. Conklin，2004a；2004b；2004c；2004d；2004e；2004f；2004g；2004h；2006），如何能不警醒這個世界真的無奇不有而還固著於耳聽目視的那些世學呢！這在靈異語言介入調停或深化機制的過程中，特別有助於世學的延伸，從而將此一神祕領屬的不為無謂性徹底的展演出來。

　　還有靈異所以要成為學問的對象，從經驗法則來說它也是夠資格被採用的（不必硬將它排除出去），而我們就以這一點作後盾而把它推上現實競比的情境去接受考驗。因此，所得進益思考的「靈異怎樣成為學問的對象」課題，在更切近的意義上是論說主體使它如此的，而取證就是上述那些不勝枚舉的靈異經驗。換句話說，「靈異怎樣成為學問的對象」就是「靈異要成為學問的對象」的消極說法，它所保障的是論說的權利以及所論說對象的不被虛無化。這樣「靈異怎樣成為學問的對象」再轉一層，就是「靈異要成為學問的對象」的條件開列了。這基本上有兩個層次可以談論：第一，靈異經驗在提供理論建構所需具廣涵和深蘊意義的資源上，已經不乏案例的佐證；第二，論說者的企圖心強烈到能夠駕馭相關靈異經驗而使它如期實現著為條例，兩相進擊就無慮不成了。這麼一來，只要誰擁有上述兩個條件，他就可以構設一套別出異采的有關靈異的學問（周慶華，2006a：7～8）。所謂的「靈異語言怎樣成為學問的對象」轉

成「靈異語言要成為學問的對象」的必要追究，也跟上述所開列的條件相同律則，論說者或信守者難以逸離這些條件去別作考量。

在這種情況下，靈異語言學的理論需求也就可以據義而從它乃有足夠前提成立新學科一點上來確定。它的可類比對象，則在剛性知識如科學所給事物的判決。原來對於靈異所透顯或徵候的神祕世界，講究科學實證的人幾乎都會否定它的存在（Françoise A. Leherpeux，1989；Thomas Kida，2010；Sean Carroll，2017；費鴻年，1982；許地山，1986；成和平，2007；林基興，2016）。但這種否定，也只是緣於它的檢證不易或事涉虛幻，而無法對它的質從根本上予以清除。也就是說，科學可以檢證的事物的質和被宣稱為無法檢證的靈異的質是相通的，它們都可以經驗，也都能夠操縱（就靈異來說，不論它是被靈界操縱還是被現實界操縱，都不離本體成分）。倘若有人不承認這一點，那麼他就得面對有很多事物也仍無法檢證（如最小的物質和最大的宇宙之類）和有些人已經可以感應靈界事件的弔詭難題；更何況科學界也逐漸在探索靈異這個神祕世界而開始有成果發表（Karen Farrington，2006；Freddy Silva，2006；Jim Tucker，2008；史威登堡研究會，2010；Ariel A. Roth，2014；Alfred L. Webre，2017），旁人豈能一味的斷然否定靈異的存在？

事實上，這裏面還有一個要不要檢證的科學心理學的問題。原則上，在科學領域不但相關知識的源頭無從確定（科學知識都有先肯定的預設或隱知，而新發現也需要大膽的想像和猜測），連所有檢證過程也缺乏可靠的保證（不論是事實的觀察還是真實的研判或是實際狀況的體驗，都是非難明）（Richard D. Precht，2010；Jim Holt，2016；Ronald Dworkin，2016），所以科學知識也得排除有所謂絕對客觀的檢證標準。至於常人還對科學知識抱以可給予檢證的信念，那也不過是大意以檢證本身最多具有的相互主觀性為絕對客觀性罷

了。這樣有關靈異經驗的檢證，也就沒有理由宣稱它不可能。舉凡人的感知、信念和後設思維能力等，都可以成為檢證靈異經驗的依據；而它同樣不具絕對客觀性缺憾的自我察覺，則不妨轉由高度相互主觀性的追求（而期待更多具有相同背景或相似經驗的人的認同）來勉為彌補。換句話說，在一般的科學領域，對於無窮廣闊的銀河星海和極為細微的物質成分（如原子、電子、核子、中子、質子、介子、引力子、光子、超子、層子、膠子、中微子、陽電子、夸克和超弦等非肉眼所能看到的東西），都能夠依經驗和想像而推測它們的可能性，為何獨獨不能順從人有感知、信念和後設思維能力等並為稟靈性徵而去推想其他同質的外靈的存在？因此，靈異經驗已經不是一個可不可以檢證的問題（因為它當然可以檢證），而是一個要不要檢證的問題。這要不要檢證的問題，所考驗的是我們廣知的意願和能耐，靈異經驗本身不一定會越級強求（但它可能會隨時蠢蠢欲動向人討情）。如：

> 當他們到達謝克因意外車禍喪生的地方，便放下普通的答錄機於草堆中，開始按下錄音裝置，一個鐘頭後，他們收聽到令人驚異的內容：「到這裏以前，我一直希望能和你見一次面，誰知竟然發生了這次的意外⋯⋯」足球選手一聽，果然是他的朋友謝克的聲音，而且謝克似乎就是在和足球選手訴說⋯⋯（Budd Hopkins，2004a：85～87）

這是一位足球選手在聽聞一羣科學家正在做「在死者當時死亡的地方，如果他的靈魂仍然停留在該處，就可以錄到他的聲音」的實驗後，特地請他們來為他在車禍中喪生的夥伴作錄音。這可以視為檢證了鬼靈的存在；而所藉助的電子器材則更有益於該檢證的信度和

效度的建立。此刻我們的信或不信，就看我們願不願擴充知識向度到非現實經驗的領域；而該案例中所顯現當事人的靈異經驗，則形同是在向我們施壓而得勉為應對（以免自己遭遇類似的情況而不知道怎麼反應）。至於還有其他能夠採擇的檢證途徑如心電感應、靈通、夢感和執念信仰等，那就隨各人方便而毋須再詳加敘說。

　　所謂排除檢證路上的障礙，就是指這一心理袪疑。它所排除障礙後的接受認同，就像科學實證在相互主觀下的可以信賴。而這種信賴，在相當程度上是為了相關學問的建構：當中靈異經驗的知識化，也就在這一波的類比科學中成形，沒有人有足夠的理由說那是「荒誕不經」或「無稽之談」（周慶華，2011a：128～130）。因此，只要在理論上有廣知或新添一學科的需求，靈異語言學就能夠為它尋繹建構而成立，正如現實中的學科一但有增衍的空間就會順勢冒出那般，實在不必對它有過多的疑慮，就讓該確可鍛鑄偉貌的神祕色彩自動廁入學科叢林而別為曜光。

　　至如靈異語言學的實際需求，也是在相似的氛圍裏有現實中人困折於靈異語言而需要加以解惑的前提下所確定的。這種困折，有乍遇式的、後結式的和全程式的等不同情況，靈異語言學都得正面因應而沒有逃逸卸責的空間。在乍遇式的部分，如前節所引那句「ψΦ૬Ո Ж Ω Д」，這類非團體中人所能道出的語言，一向有天語或靈語或宇宙語或外星語在指稱（宇色，2012：27；廖云釩，2016：78）而明顯會折煞不少旁觀者，其實它已被追蹤到了近似吐魯蕃語（宇色，2011：73），乃外靈為了秀異而故意選用的（並非直屬不可了解的對象），靈異語言學可以從語用的角度去釐清，而讓人明白它內蘊的刻意顯能或無謂標新心理。

　　在後結式的部分，如前節所引那句「弟子啊，你有在唸佛，但你唸南無『窩』彌陀佛唸錯啦，要唸南無『阿』彌陀佛才對」，佛號

阿彌陀佛本是梵語 Amitābha 的音譯，阿字就如字讀作「ㄚ（a）」，這在講經者那邊自能分辨（南懷瑾講述，2011：98～101），但坊間所見的語譯書卻乖違注成「ㄜ（e）」（蘇樹華注譯，2019：13），而不明就裏的人又訛化誤唸作「ㄛ（wo）」，導致一個讀音紛亂而擾攪人心，此刻有外靈據所知加以糾正必然更見可信度，而靈異語言學適時介入給予如上述般揪舉語音的源頭則又是功勞一件。

在全程式的部分，如前節所引那句「嘿嘿，我們很久沒這麼快樂了，準備好開始散播瘟疫吧」，這一專屬於外靈的行動誌記，在中國傳統所見如干寶《搜神記》、洪邁《夷堅志》、袁枚《續子不語》、俞蛟《夢廠雜著》、蒲松齡《聊齋誌異》、郭則沄《洞靈續志》、楊鳳輝《南皋筆記》、李慶辰《醉茶志怪》和釋文瑩《湘山野錄》等敘述大大小小天神裁定的劫難都可以為證（欒保羣，2013a：129～138），但對一般人來說卻會緣於無力得知警示所起而孳生莫名的恐懼情緒，靈異語言學能夠為它保留一張兩界循環互制圖以為強化災難必現靈異的跨域信息（周慶華，2011b：92～108），於世道人心多少有供給對照系以促使了悟癥結的深刻啟發作用。

由此可見，靈異語言學的出現不為無故，它既是為學科增衍而為理論所容許的，又是有感於實際多有人對神祕語言所積累的困惑而必要或不得不如此顯跡的。縱使不然，也還有一個最後的辦法，就是比照世學所富寓的「渴望某某成為學問的對象」此一心理基礎（否則就會缺少動力採取行動去建構相關的學問），從而讓建構者自我卸下或有胡亂指責加被的精神擔負。

第三節　建構靈異語言學的學科視野

　　靈異語言學既然是靈異學的分衍學科，而靈異學的整體論說又有使靈異經驗成為最新認知的範疇／道德昇華的憑藉／豐富審美的資源等效應期許（詳見第一節），那麼為了達到同樣目標所建構的靈異語言學也得在解釋和評價上顯出它的能耐。換句話說，靈異語言經驗得給予合理的解釋而使它可以被充分的認知，以及得加以有效的評價而讓它同時具有能夠被認可的高度道德和騁情審美的價值（並使彼此通貫於文化傳統去取得可以被個別檢索的憑證）。有幾個醒夢中感靈的案例說到：

　　梅爾……她從夢中醒來，夢中有個女孩在草地上和一個俊美殭屍談話，那個殭屍努力克制自己，不願動手把她殺死吸血。梅爾馬上提筆根據記憶儘量準確把夢中對話繕寫下來。那場夢成為《暮光之城》系列書籍、電影的基礎，至今她已經賺進超過一億美元。（David K. Randall，2013：112）

　　發明現代小提琴弓的作曲家塔爾蒂尼，曾經遲遲無法完成一首奏鳴曲。一天晚上，他夢見海灘有上有個瓶子，裏面有個魔鬼懇求放祂出來。塔爾蒂尼同意祂的請求，條件是要魔鬼幫他完成這首曲子……（魔鬼）根據塔爾蒂尼的構想，演奏出「技巧完美的奏鳴曲，如此精緻，遠超過我最大膽的想像」。塔爾蒂尼一醒來，立刻儘可能地回想抄寫下來，創作出《魔鬼奏鳴曲》。這是塔爾蒂尼最受人稱頌的樂曲，但他仍感嘆道：「這首曲子是我寫過最好的曲子，可是和夢中的曲調比起來，還是差太多了。」（Stanley Krippner 等，2004：54）

勃拉瓦茨基……作為神智學協會的指導者和重要的靈媒忙碌於各界的她，完成了一部探討所有宗教起源的古代奧義，以及宇宙和人類起源的著作《除去面紗的艾西斯》。這部作品長達一千三百頁，但她只花二年時間便完成了，書中引用超過一千四百種文獻，其中有不少普通人根本不可能看到的傳說中的作品……便是在西藏接觸到的高層次靈魂所給予的幫助。這些靈魂對她說：「在你的寫作過程中，我們將為你提供必要的文獻。」（南山宏編著，2014：110）

這不論是文學書寫還是藝術創作或是學術著述，所寓含的如有神（魔）助且伴隨著靈異語言情況（前兩個案例所伴隨的靈語言都隱藏在敘事文字中），就可以啟發人不盡遐想而頻生審美趣味以及一起兼為提醒當事人從此要更謹慎自持道德謙沖於處世待人（因為有關的成就不全是自己的能耐所致，理當不再動輒以才氣傲人）；而這種外靈介入開啟智慧並由靈異語言引路的現象（都非人所能擔保道出），倘若不片面統引精神分析學的潛意識促動說或唯物論的文化積澱迸發說來阻卻的話（廚川白村，1989；林建法等選編，1987；陶伯華等，1993；楊憲東，2004），那麼就可以為它確立一種可能的外鑠性知識，從而體現一種解釋和評價靈異語言經驗的新潮作為。當中神靈怪異面組所偏向西方創造觀型文化傳統的創思感應模式，將它對比於其他類型文化傳統的不興此舉（其他類型文化中的神人都是有限的存在者，彼此互通，沒有創造和仿效的本體基礎），則又一併印證了前節所提及的單一元相關學問不能妄自稱霸的必要堅持性。所謂靈異語言學的建構，大體上就是順著上述這一系列的思路來鋪展。所得自我評估的是：能否處處提點「這是有關靈異語言經驗的新學問構

設」以及可有將實際推出的論說烙上「廣涵深掘」此一印記；此外勢必還會涉及他人勉為認同的籲請，那就隨時出擊且留予讀者試為習取或不吝指教了。

出了上述相通於設立靈異學的方向觀點（周慶華，2006a：12～21），底下實質關係所要建構靈異語言學學科視野的開啟，則可以分幾部分來談：第一，在最基本確立理則的層次，靈異語言學自然也得具有一般學科所得備列的統括、組織和合理等要素（George C. Homans，1987；范錡，1987；呂亞力，1991；周慶華，2005）。當中統括部分，是以理出一個適用性廣的理論架構來安置可能的靈異語言經驗為基礎的自我要求；而組織部分，則是以具深度的解釋力來系統綰結那些可能的靈異語言經驗為進階的自我要求。至於合理部分，就是設法為該解釋找出高度可信的前提為依據，並以它來提住整套靈異語言學為最終的自我要求。

第二，在進一步展衍論域的層次，以適用性廣的理論架構／深度的解釋力／高度可信的前提等規模來建構靈異語言學，它一樣要彰顯的使靈異語言經驗成為最新認知的範疇／道德昇華的憑藉／豐富審美的資源等效應向度，在當今的學科區劃系統中可以產生或交集或相激盪或相躍進的作用，而使得靈異語言學和世學從未被知解有關係或不確定有什麼關係到實際有關係或關係非比尋常的理路儼然成形。而這一關係網絡的確認，所徵候的是一個新學問情境的誕生。這部分，首先涉及淺顯的認識條件，就是靈異語言學內涵的靈異語言經驗和世學內涵的現實經驗（甚至窄縮的現實語言經驗）會有延伸或迴環的關係，以至在建構靈異語言學的過程中就得不斷地拉緊靈異語言經驗和現實經驗這兩端。好比底下這個案例所可以供使力的：

> 有天晚上我在床上一直到天亮都睡不著，突然我覺得房間裏有人，然後床前的簾幕就被掀了起來，站在面前的正是我那逝去的好友……祂用清晰可聞的聲音對我說:「老友，我來看你是因為你沒有信守承諾照顧我太太。她現在過得不好，而且有困難！」……（Carl B. Backer，1997：70～71 引）

試想當事人如果沒有依約做好鬼靈生前所託付的事，那麼鬼靈可能的駐留糾纏豈不是會讓他不勝其擾？而這種對當事人為真的經驗，旁人又如何代為置喙說「那是幻覺或無稽之談」？在這靈界和現實界的互動過程中，相關（承諾）經驗現象的延續直貫性，所要建構的靈異語言學勢必要有所揭發，並且就以它的跨越到靈界而為世學所未計的紐結來凸顯靈異語言學的特殊性（能製造差異所顯現的差異性）以外的相通性。其次涉及較隱微的形上原理，就是靈異語言學內涵的靈異語言經驗和世學內涵的現實經驗會有共據同一前提的關係，致使在建構靈異語言學的過程中也得不斷地提住那一相同且有專屬的規則依據。也好比底下這個案例所可以使力的：

> 對方意味深長地看我一眼，說我真有貴人相助，至少他看到有五個老人在我身旁「報恩」……這位「山羊鬍」輕撫鬍子，（說）「這些老人家是沒讓你看見，卻在幫你拉生意，擋掉麻煩耶！」（張其錚，2012：251）

文中的轉述語源頭當是五個鬼靈說的「我們不讓他看見，只在暗中幫他拉生意，擋掉一些麻煩」，這顯示了現實中的恩怨情仇及其報償不爽的現象，也同樣延伸到靈界；而它所受中國傳統的氣化觀這種意識形態的制約（氣化成人，大家虬結在一起，必須分親疏遠近才

能過有秩序的生活；而有恩報恩這種行為，正是為維繫人際關係而使它秩序化的一種黏合劑）。相對的，前面那個案例中的鬼靈索諾現象，則是緣於西方創造觀那種意識形態所蘊涵對人誠實（以體現上帝造人的本意）的要求，當事人（鬼靈）只負責提醒而不必報恩。因此，在這靈異和現實界的互動過程中，相關（報恩的）解釋法則的共通系統性，所要建構的靈異語言學也勢必要有所條理，並且就以它的一致性和系統別異特徵來進階彰顯靈異語言學和世學的無所謂不能交集性。再次涉及最深妙的控管機制，就是靈異語言學內涵的靈異語言經驗和世學內涵的現實經驗會有同秉終極性的影響或支配欲望的關係，馴致在建構靈異語言學的過程中也得不斷地發掘那一或有強弱但無斷絕的心理驅動力（兼及社會／文化驅動力）。也好比底下這個案例所可以供使力的：

> 貝爾家中一個黑奴常常看見一隻狂吠的黑狗，據他說那隻狗一見人拿起棒子就不知所終。這一連串事情之後，貝爾一家受到越來越多不祥的躁音煩擾……冤魂用很不自然的聲音說：「我是無處不在的幽靈，不論天堂、地獄、人間都有我。在空中、在房子裏，無論何時何地都有我。我已存在數百萬年之久，我要說的就是這些了。」（Budd Hopkins，2004a：56～57）

文中的鬼靈所以會騷擾農家，無非是看到對方可欺或別有企圖；而這跟現實中人見有利可取就難保不動邪念的情況相似，都為權力意志這一終極性的心理因素所制約。而從該鬼靈的胡亂播弄農家以及只在一處得逞就誇說自己無處不在等來看，也只在西方創造觀型文化所內蘊的絕對支配（自比上帝時的姿態）的氛圍中才會出現；它

的超強的影響或支配欲望過渡到靈界再回頭反制現實界，更可以讓人感受到那一宰制局面的鮮明聳峙（相對的其他文化系統中人無此懸念所外顯的行為自然是孤寡收斂許多）。因此，在這靈界和現實界的互動過程中，相關（鬼靈凌遲人的）權力變數的一體適用性，所要建構的靈異語言學也勢必要有所闡明，並且就以它的共現同一個心理機制（兼及社會／文化機制）和可能的跨域升降特徵來極致標舉靈異語言學的深一層性質得以經驗現象的延續直貫性、解釋法則的共通性和權力變數的一體適用性等來跟世學構成一個緊相牽繫的關係網絡。這僅以所經驗的內容（一為靈異語言的一為現實或現實語言的）作為區劃兩個領域的依據，在感覺上應該也不難趨入；但有人（多半持唯物論者）不承認（Gary Zukav，1996；Fred A. Wolf，1999；Francis Crick，2000；Ronald Dworkin，2016；柳川俠隱，1998；成和平，2002；楊憲東，2004），那就可能誤出解釋向度以及對靈異語言現象的權力警示毫無意識而得忍受後續莫名的干擾。換個角度看，倘若還是有人只肯定世學而堅決不信此套的，那麼我們就不妨以西方所見的「賭上帝存在」那種方式來回應（Melvin Rader 編，1984：70～74；John Hick，1991：114～115）。也就是說，靈異語言如果不盡可棄而有人卻硬是要棄，那麼所有可能的受擾甚至危害後果就得他自己去承擔，孰得孰失顯然也可以立判（周慶華，2006a：28～33）。

　　第三，在終極框限範圍的層次，依經驗靈異語言學跟世學中的學科在內在質性上相涉甚多，信不信的關鍵就在「你對世學是否了解得夠多（而不純粹是靈異語言經驗的有無）」。凡是對世學了解得越多的人，他就越有可能推及靈異語言學所要討論的靈異語言經驗的存在性。這種存在性的肯認，一方面可以拓寬自我具延伸性的視野；一方面還能夠回返來對現實人生有正面的促進作用。因此，在

實際的討論上，就得把整體靈異語言學所構成分子的分布狀況帶出來以見不虛並權為印證這項效用說。而所謂靈異語言學所構成分子的分布狀況，表面上是指靈異語言學所要討論的範圍；但在實質上它還有一個交叉點偏移幅度的問題需要解決。那就是世學「何其複雜」而個別人又「何其單薄」，這當中的想要窮盡而著實不能的困境，每一個現實中人都應自知；於是所要建構的靈異語言學這門學問，它跟世學的交叉點也就得依便有所偏移。首先是有關靈異語言學和世學的交涉情況，得容許有次元性的層次存在（一次元和一次元的關連或多次元和一次元的關連或多次元和多次元的關連）；其次是從靈界和現實界的交涉過後，靈異語言學在擇取論域上還有抽象程度可以考慮（包括涉及形上原理的高度抽象思維、涉及認識條件和邏輯規律的中度抽象思維和涉及實際論述的低度抽象思維等）；再次是上述的兩界相涉及其內蘊高中度抽象思維等為靈異語言學敷論自縮的重點已現相關構成分子的集合區域和位階劃定，而這都會再收攝在可以名號的次學科底下，以見一種最直接可察的構成分子的分布實況。現在按依一般所列世學的範疇架構，就二者較明顯相通且方便建構靈異語言學規模的部分如哲學、語言學、符號學、心理學、社會學、歷史學、文化學和價值學等，而區別出「靈異語言的基本認知」、「靈異語言的物質性及其被使用情況」、「靈異語言的表義過程和訊息交流」、「靈異語言的心理和社會因緣」、「靈異語言的歷史文化背景」和「靈異語言學在後全球化時代所能扮演的角色」等具層次疊加特徵的次內在質性範疇。這所形塑的靈異語言學構成分子的分布區域，在稱名上雖然不再依慣例標明某某學科，但就內質來說它已緣於靈異語言經驗的特殊性及其解釋法則的徵明隱當而將可以自成一種論述模式，從此新穎世人的觀感而著為普世可欲和超普世可推廣的價值。

第二章　靈異語言的基本認知

第一節　從靈異到靈異語言

　　靈異語言學構成分子的分布區域，在最切近可察的部分，自屬有關「靈異語言的基本認知」的縮結。這一縮結，可以把「從靈異到靈異語言」、「靈異語言的類型及其認識論前提」、「靈異語言的後設判定和評價」和「靈異語言可能的繁衍」等細項依次帶出而予以剖析，以見靈異語言足夠被初度有效掌握或進一步深入理解的概貌。而這就慣行的論述順序來說，「從靈異到靈異語言」此一攸關靈異語言存在的有物特性及其背後事涉高度抽象的形上原理依據等，自然得優先加以論列。

　　所謂「從靈異到靈異語言」項目的首出，乃為認知的起點，有所疏通後其他項目才能找到掛搭處。它在語序的理則上隱含了一個由「靈→靈異→靈異語言」的徹見階次，必須給予釐析清楚，以便後續的論題可以據為開展。當中「靈」，所能指稱的大抵不出神靈、人靈、鬼靈和物靈等範圍。它們彼此之間的關係，約略是神靈為純不依附他物的自然靈；而有些自然靈遇機得著了肉體後就變成人靈；人靈在所寄存的肉體死亡後又恢復為自然靈，但因為它有過一段時間拘束在肉體內，已經痴重了，所以不再跟輕敏的自然靈同級而僅稱為鬼靈（至於鬼靈因故而升級為「神」格的，另當別論）；鬼靈沒有固定居所而一如現實中的流浪漢的，就姑且稱它為幽靈（這是西方人的常用詞）；至於物靈，它也是由（不同層次的）自然靈轉來寄存於物體內，包括山魅、水怪、樹妖、石祟、蛇精、狐仙等等尋常可見的稱呼（它們多半也會被合稱為精靈；或者精靈另指物靈半附不附物體的自然靈）。而這可以一個簡圖來表示：

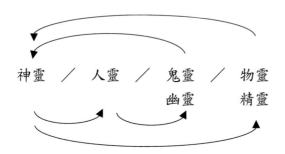

神靈 ／ 人靈 ／ 鬼靈 ／ 物靈
                    幽靈   精靈

這是由靈肉分離論所保證的（周慶華，2006a：9），不但具見於各宗教系統的伸說，還有世上並存無腦人和無頭人（David Wilcock，2012：159～160；慈誠羅珠堪布，2007：20～22）也可為旁證。另外，古來始終備列的甚多出體、換魂、降靈和招魂等案例（Robert A. Monroe，1993；Budd Hopkins，2004；劉清彥譯，2001a；張開基，2000；施寄青，2004；索非亞，2010），更能提供所要的指實。

　　至於「靈異」，整體上是前章第一節所說靈現異象／感靈駭異／神靈怪異的合稱，這自無疑義，只是關於「異」字部分還得略作限定：它是特就人「見怪而怪」而說的（其他的靈也許無意為怪）；這只針對眾靈超出平常範圍而被人感覺到的來作限定，此外就不擔保它的靈界同一認可性。再來倘若有人歧出「見不怪而怪」或「見怪而不怪」的話，那麼不妨將它視為特例而隨意兼說，或者乾脆就予以存而不論（周慶華，2006a：10）。縱使如此，在靈界和現實界必要透過靈異語言作為中介才有互動實質可說的前提下，靈界的不以為異那種情況也就毋須為它大作文章（儘可淡化不提）。

　　又至於「靈異語言」，這總提是伴隨靈現異象／感靈駭異／神靈怪異而來的語言（詳見前章第二節），本來在相對上它已經能夠區別於非如此表現或運作的語言，但依照理則此地還得更為具體或具指

標義加以明辨，讓它的實屬「異」性足以凸顯而避免無謂的混淆摻和。而這首先要辨別的是：靈異語言和現實語言相通的部分，包括語音／語詞／語法等純屬奠基的物質性層次（Victoria Fromkin 等，1999；Jack Ryalls 等，2005；Steven R. Fischer，2009；David Crystal，2010；謝國平，1986；王福祥，1994；王銘玉，2005），就不再計入，只從語義此一可跨進精神領域的部分細作研判，凡是能顯現現實語言所沒能或無力指涉的事項，都歸在靈異語言的範圍內；否則就得暫時把它們排除出去（以免錯亂或干擾論述的進行）。後者如：

> 濟佛曾開示：「觀念改變，事情就會轉變；奇蹟說不定就會出現。」周師兄與張師姐的際遇，正是濟佛這句話最好的寫照。（吳先琪，2014：104）

> 我站在葉稻荷前看向神龕，正打算離開的時候，突然被葉稻荷的守護神使罵了一聲：「喂，你怎麼不合掌？」（櫻井識子，2017：162）

> 祂也不喜歡那個墓地。「請不要到那個地方跟我說話；在家裏跟我說話就好，在海邊或戶外，也要跟瑪莉莎說這件事，叫她別去墓地找我。」（Marilyn Raphael，2012：170）

這類外靈言語所涉及的道德訓誨或情感籲請，現實語言也能夠表述，並無特殊處，討論它不啻會自顯標的不明。其次要辨別的是：同為靈異語言卻有不知所云的，也得比照著予以擱置。好比下列幾個例子所顯示的：

後來有一位使者帶著許多切斷的腳過來，要我從當中找出自己的腳。爾後使者又幫我將腳裝了回去，並且指示我說：「以後不要隨便彎曲膝蓋。」接著就讓我回到了人間。（立花隆，1998：410）

忽然角落裏出現了一個人（鬼），兩眼怔怔地瞅著他說：「別吃得太多！」從此以後，史威登堡的生活就變得非常節制。（劉清彥譯，2001：85）

這張照片讓人看了覺得很恐怖，無法安定。這時想自殺的角色現身告訴我：「Dolour 理應處死，因為她是一個壞胚子。」（Dee Spring，2004：135）

所謂「以後不要隨便彎曲膝蓋」、「別吃得太多」和「Dolour 理應處死，因為她是一個壞胚子」等，僅僅是斷言命令而缺乏確切所指（即使是第三則有說出「她是個壞胚子」的緣故，但也因壞胚子狀況不明而失去指涉作用），將它們攬入討較，形同是在自亂陣腳，勢必難以集中呈現原想樹立新學科的旨意。

就緣於由「靈→靈異→靈異語言」的理路內蘊了一個必然異的形上因素，使得整體上充分滿足因果律且不違矛盾律（二者為形上原理所屬）的要求，以至所據確然，既彰顯出跟世間哲學共秉同一個理則前提，又踐履了完成最新認知範疇的配件任務，雙雙美化而可以稱善。

第二節　靈異語言的類型及其認識論前提

　　從靈異到靈異語言略見的進趨意義，其實是在合體呈顯時一道察覺的（也就是只要有靈異出現就多少會有伴隨的語言），它作為基本認知的起點僅由一個必然異的形上因素所保證，此外有關它的結構及其如何有效得知等涉及中度抽象的邏輯規律和認識條件一類同屬哲學課題，就得再啟思辨而綰結成「認知進前」了的態勢。而這部分的緊鄰項，依榫接準則正是「靈異語言的類型及其認識論前提」，論列它乃為了承續前一項目，以便事理說明能夠一貫。

　　由於靈異語言以異於現實語言而得名，而它所不涉及的包括「外靈所述為人所能表出的語言和人仿效所述非可證驗於外靈的殊異語言」等（詳見前章第二節）既然也已確定，那麼所剩必要交代的自然就是該靈異語言可能的類型部勒。這是說靈異語言究竟異在何處得從它所指涉事項來判定，而被指涉事項有分布不一時就可以據為區分靈異語言的類型。這所信守的單一分類原則（張漢良，1986：112～113），已經符合了正式的邏輯規律（僅以指涉事項為區分靈異語言的類型依據而不旁出其他來無謂亂序）；而所即將部勒的靈異語言類型一旦具有認知功能，又更見該邏輯規律的高華作用。

　　現在就試著略作脈絡上可被有效指稱的靈異語言類型的區分。從指涉事項來看（內涵則一併理解），靈異語言大約可以分成四類：第一是涉及人所不知的靈界事。這類型的靈異語言能直言靈界事，為現實語言所不及。如：

　　　我總是目送每個靈體被引導離開，我很好奇祂們去了那裏。
　　　我發現死後世界有不同層級，每種層級都有不同顏色的背景。
　　（Doreen Virtue，2007：211）

曾問三山九侯先生：「老師，為什麼佛祖的金身有如此多……」……「佛祖法身永駐佛國……今天佛祖靈光見眾生有善根緣者，在世行八正道、修十善、證涅槃樂、直超佛國，佛祖親自迎迓，親自教導諸佛子；而後領其佛靈從空中降凡間，駐寺院，受人類萬代香火的供養。一一佛靈從人而來，一一佛性同也；而一一佛靈則各個有差別了。如此你明白了嗎？」（盧勝彥，2004a：52～53）

黃老師很正經地說：「……現在靈界傳來訊息，要我明確地告訴你（林先生）：『靈界並無藍綠之分，也不偏向任何一方，靈界只偏天下百姓與蒼生黎民。』」（向立綱，2007：28）

所謂「死後世界（靈界）有不同層級」（有所行文隱含的外靈告知）、「非佛真有分身」（隳梏全文意思所得）和「靈界並無藍綠之分」等，所述都是靈界狀況，全為人所未知，顯然自成一類靈異語言。第二是涉及人所不知的己身事。這類型的靈異語言能直言人的前世今生、未來命運、甚至眼前不察已被監看的行為等，也為現實語言所未逮。如：

城隍見到我說：「回顧你一生，平時不愛說狂話，待人平等，恪守軍紀……」城隍本要派我其他位子，可我說這一輩子再也不想當什麼武將……所以就請城隍把我派在觀世音身邊，跟了文殊菩薩……跟著文殊菩薩修練十年後，就被派駐進到這尊神像裏……來了臺灣，在臺北的店裏五年多。（秀慈，2017：157～158）

依照艾琳（指導靈）的說法，我們的轉世生活都有「計畫」。也就是說在轉生前，一個人已經大致地勾勒來生……艾琳說：「我可以告訴你們，我們這一生要做的事，是我們自己選的……這些都是我們出生之前就定下來了。」（Marilyn Raphael 等，2006：389）

我說：「華哥，你叫祂什麼？」華哥說：「關帝聖君啊！」我還是忍不住大笑：「你家關公說，傻弟子！是關聖帝君，不是關帝聖君。」此時的華哥，愣了幾下才意會過來。不只我笑，大家都笑翻了……關聖帝君也透過我，提醒了華哥一些事。（潘明雪，2013：282）

所謂文殊菩薩的授靈說的前世今生、指導靈艾琳說的未來命運和關聖帝君說的俗世弟子口誤行為等，這在人本身都無能自我察覺（第一則的文殊菩薩的授靈塑像可以比擬為人），而全由靈異語言透露，顯然它也自成一類。第三是涉及人所不知的物存事。這類型的靈異語言能直言物的活動存續狀況，也為現實語言所無緣參與。如：

（劉邦斬蛇開道）後人來至蛇所，有一老嫗夜哭，人問何故，嫗曰：「人殺吾子，故哭之。」人曰：「嫗子何為見殺？」嫗曰：「吾子，白帝子也，化為蛇，當道，今為赤帝子斬之，故哭。」人乃以嫗為不誠，欲告之，嫗因忽不見。（司馬遷，1979：347）

我（孫儲琳）就跟它說……然後青果子就從裏面開始變紅，

慢慢紅到外表……果子不願意變，它（祂）就跟我講：「我今天不想變。」（吳美雲採訪，2016：141～143）

耶和華說：「我要將所造的人和走獸，並昆蟲以及空中的飛鳥，都從地上除滅，因為我造他們後悔了。」……凡地上各類的活物，連人帶牲畜、昆蟲以及空中的飛鳥，都從地上除滅了，只留下挪亞和那些跟他同在方舟裏的。（香港聖經公會，1996：5～7）

所謂被斬殺的蛇為神靈所化生、青果變紅有物靈（或神靈）在操控和洪災乃神靈一手造成等，除了靈異語言示現，人都無從得知，顯然它也自成一類。第四是涉及人所不知的其他事。這類型的靈異語言能直言其他包括靈附、靈擾和靈來靈去等事件在內的現象，也為現實語言所探勘不到。如：

在地藏王菩薩金尊前供桌那兒，她閉目長跪……等候著來自靈界的任何一丁點訊息。「……阿清！阿清！有沒有叫阿清的？」她轉頭詢問著。「有啦！有啦！」有人急切的應聲，從後面擠身向前。（張開基，2000：102）

最初，雷諦摩太太覺得那聲音來自自己的體外……沒多久，那聲音從自己的體內發出來了……那聲音非常的真實、生動語氣悲愴，語調痛苦，反反覆覆地說：「你折磨我，我因此要折麼你！」（黎國雄，1994：17）

令人詫異的事發生了，護法神居然告訴我：「很好啊！並沒有

詭異的事發生；而且昨夜那個女鬼已被勸服，她願意放棄報仇，願意往西方極樂世界去修行了。」（林勝義，2017：49）

所謂鬼靈附在靈媒身上喊親人名字（雖然多經過一道靈媒複誦程序）、鬼靈欺身騷擾人和鬼靈被勸服離去冤親債主等，除了靈異語言告知，人完全無法知曉，顯然它也自成一類。

　　上述四類靈異語言，在理論上必須如此分化（即使不分成這四類，也要有別的分類法），才有認知意義；而在實際上彼此還會相互交涉（但舉證說明重點得擺在它們不交涉的部分），這也才顯示它們系出同源。後者可以圖示如下：

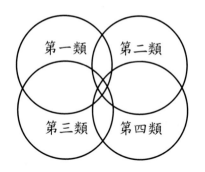

這是說人所不知的靈界事會局部冒領人所不知的己身事／物存事／其他事等，而人所不知的己身事／物存事／其他事等也可能在某些層面上互通有無而形成彼此難以截然獨立的局面。只不過為了「分類見義」的成論需求，相互交涉的部分得留給他證去隨機舉實，本脈絡為維持一貫的格調必須暫時略過而不予處理。

　　相關的類型區分，使得靈異語言本身終於有了結構可說。而對於這結構所得附帶註記的，是關於它的認識論前提。換句話說，如何有效得知該四類靈異語言，仍然要透過哲學性的說明加以定位（語

言學在此地只能觸及語義，還不足以擔任本項任務），而這就牽涉到一個關鍵的認識條件的提供。認識條件乃一般所說認識論必要開列的，它在本脈絡是為更加強化或保障靈異語言的分類說不流於虛發（倘若光作分類而不明辨靈異語言如何有效得知，那麼該分類無異就成了徒然的舉動）。至於具體的情況，則可以從直接經驗和間接推理兩項在充當常態性的認識條件（周慶華，2007b：9～10）此一角度來看，有關靈異語言的得知也僅能經由類似的程序。只不過在直接經驗部分最先是通靈人或感應者聽聞的，然後透過傳述此一中介轉譯的歷程而為其他人所知曉，它的功能性還可以再作討論（詳見第三章第四節）；此外是任何人都能依自我智能在一番尋跡後加以間接推理獲得。二者無妨「各行其事」，但最常見的是「辯證存在」（也就是直接經驗有助於間接推理的深化；而間接推理的成就又能拓廣直接經驗的向度）。例子如：

> 始皇巡北邊，從上郡入。燕人盧生使入海還，以鬼神事，因奏錄圖書曰：「亡秦者胡也。」始皇乃使將軍蒙恬發兵三十萬人北擊胡，略取河南地。（司馬遷，1979：252）

> 黔首或刻其石曰：「始皇帝死而地分。」……有人持璧遮使者曰……因言曰：「今年祖龍死。」使者問其故，因忽不見，置其璧去。（司馬遷，1979：259）

文中「亡秦者胡也」（此胡實指秦二世胡亥而非胡人）和「今年祖龍死」（此祖龍指秦始皇）等語，源頭當是感靈者得自靈界的訊息後轉發的（「始皇帝死而地分」一語也可如此看待），而我們在無妨「信其有」的前提下推測那是秦亡的徵兆、最後也絲毫沒有差池的印證

了，整個過程就全然由（他人）直接經驗和（自我）間接推理所交錯管控。這是靈異語言在確定它是一超存有形態的情況下必要賦予的認識條件，出了這個範圍就無所謂靈異語言的經眼聞耳這件事了。

第三節　靈異語言的後設判定和評價

　　透過直接經驗／間接推理而得知四類靈異語言的實況，這在可以更深的後設判定和評價中當還會有另一新的面貌。所謂新的面貌，並不是表示所經驗／所推理得知的靈異語言換了樣子，而是表示所經驗／所推理的靈異語言要更實在地被了解或被掌握著。就以此一理路為依據，而說靈異語言的存在會增添一新的面貌。

　　相關理解的起點，一般都由後設判定所佔名（評價則為接續項）。向來學科的理論構設呈現的後設修辭本身，乃為哲學形態的，它的設定概念、建立命題和進行演繹為體系特徵，形成一個低度抽象的論說式樣（周慶華，2011b；2016a）。再有所擴衍，就到了二度後設判定的階段。而這除了可以針對前體系思辨它究竟是如何可能的，而形成一個中度抽象的論說式樣（也就是後設判定該體系的獲知過程／認識條件和後設判定該體系獲知過程的推論法則／邏輯規律等）；還可以針對前體系思辨它所根據的到底是什麼前提，而形成一個高度抽象的論說式樣（也就是後設判定該體系所遵守的形上原理）（周慶華，2016a：253～254）。這都有說解性的論著可按（Patricia Waugh，1995；何秀煌，1988；關紹箕，2003），而擬比在本脈絡則是再就已經成案的靈異語言此一經由直接經驗和間接推理得知自身又是何以能夠，總作個三度也幾乎是終極性的判定。

　　對於這個課題，可以的思路約略是這樣的：靈異語言所指涉人所不知的靈界事／己身事／物存事／其他事等既然是由直接經驗／間接推理在保障的，那麼該直接經驗或間接推理又是由誰在作保障也得一併陳列，才能完滿整體的論述需求。而這唯一可能的答案，就在「權為相信」的心理異動上。不妨圖示如下：

靈異語言 ┫ 指涉人所不知的靈界事
　　　　　 指涉人所不知的己身事
　　　　　 指涉人所不知的物存事
　　　　　 指涉人所不知的其他事 ┣ 直接經驗／間接推理→權為相信

這權為相信，乃是為保留該超現實事物的存在性，而容許「永遠等待驗證」此一心理命題的備用伸展。換句話說，靈異語言所指涉事項既是人無法想及履及的，那麼僅憑藉該語言的中介人仍然隔閡在外，只能以相信它存在來對待，此外就難以再奢談什麼「親歷」了或「碰觸」了一類話題。

正因為思路得這般進行，致使接續的評價一項也要跟著無疑義定位（這也是認知的一環）。通常所說的評價，是指對某些對象價值的評估。而價值，則又有相涉的存在方式、性質和判斷等課題可談。在價值的存在方式方面，有論者歸結相關的意見而得出三種不同的情況：（一）是依附在具體的事物上（如食物和風景等）；（二）是依附在抽象的關係上（如倫理道德和禮法制度等）；（三）是依附在主觀的創意和想像上（如和平、民主、巫術和宗教等）。第一種價值是由人的認定而來，屬於事物價值；第二種價值是由人的賦予產生，屬於倫理價值；第三種價值是由人的創意和想像所致，屬於精神價值（陳秉璋等，1990：321～322）。在價值的性質方面，有論者特別強調一種可以被接受的見解（同時也可以跟上述的價值存在方式說相呼應），就是價值不是價值對象本身（如一自然事件或一種理念或一個命題或一曲音樂或一項事業等），也不是價值對象的構成元素，而是價值對象所擁有的獨特屬性。換句話說，價值只是一種「寄生式」的存有。除了這種非實在性，價值還具有兩極性（如真和偽、善和惡、美和醜、聖和俗、利和害等分別）和層級性（從好到壞排

列）等。而這些性質，都會在人從事價值判斷中顯現出來（Risieri Frondizi，1988：6～10）。在價值的判斷方面，我個人曾經斟酌了一些論說而研判價值的判斷至少要植基在幾個條件上：第一是從事價值判斷的人要有認識或熟悉價值對象所具有的特殊屬性的能力；第二是從事價值判斷的人對於價值對象所具有的特殊屬性的掌握不免會隨著風俗習慣、傳統思想、教育訓練、社會情境和心理狀況的不同而有所差異；第三是從事價值判斷的人所得到的結果最多只具有相互主觀性（能獲得有相同背景或相似經驗的人的認同）而不可能具有絕對客觀性，並且還有權力意志在起終極性的作用（試圖以他的價值觀感影響別人對該價值對象的反應）（周慶華，2008：241～244）。以上幾乎都是依經驗法則而論列的（不再無謂的追究「最早的價值是怎麼可能的」一類有關形上根源的問題），它明顯以事後聰明的形式試著進入論述的領域並等待考驗（容許有汰舊換新的空間）（周慶華，2006a：288～289）。

　　以上這些常識可以據為精簡出一個具優位而涵蓋真善美的價值概念架構（暫時略過其他屬非關緊要的論點），使得前章第三節所說的要使靈異語言經驗也成為最新認知的範疇／道德昇華的憑藉／豐富審美的資源等效應期許兩相合拍（真善美價值就分別進入交疊），從而跟靈異語言的類型架構併為可收攝個別案例且予以檢視討教的依憑（前者強調它的可權為相信性；後者強調它的可為領受啟發性）。好比：

　　　那時天下人的口音、言語都是一樣的……他們說：「來吧！我
　　　們要建造一座城和一座塔，塔頂通天，為要傳揚我們的名，
　　　免得我們分散在全地上。」……耶和華說：「看哪！他們成為
　　　一樣的人民，都是一樣的言語，如今既然做起這事來，以後

他們所要做的事就沒有不成就的了。我們下去，在那裏變亂他們的口音，使他們的言語不通。」……他們就停下，不造那城了……（香港聖經公會，1996：9）

這個案例所見的靈異語言「看哪！他們成為一樣的人民，都是一樣的言語，如今既然做起這事來，以後他們所要做的事就沒有不成就的了。我們下去，在那裏變亂他們的口音，使他們的言語不通」，很明顯是屬於指涉人所不知的靈界事那一類型，它固然還有待檢證（其實已無從檢證／只能權為相信），但對於內裏蘊涵的「人類的語言分化混亂，乃神懲罰人類妄自尊大而變亂他們的口音所造成的」一個認知命題，在相對其他諸如語言因地域隔閡而衍變和語言本就隨人類散居各地而歧異等講法（謝國平，1986：24）也同樣無從查驗來說，它仍自具一格而備有真的價值，可以進駐擴衍人的知識域範疇，被人所擇便領受。又好比：

> 我們家鄉有一位地方尊重的長者，吳稚暉先生，他終身不慶生。因為據說在他出生前，他的父親夢見已經故去的祖父告知：「我替你買了孩子，七斤十兩重，明天就會出生。這個孩子並沒有經過陰間的核准，是我偷買的。因此，他千萬不要慶祝生日，以免陰間察覺陽世有這麼一個走私的生命。」（許倬雲，2017：90）

這個案例所見的靈異語言「我替你買了孩子，七斤十兩重，明天就會出生。這個孩子並沒有經過陰間的核准，是我偷買的。因此，他千萬不要慶祝生日，以免陰間察覺陽世有這麼一個走私的生命」，很明顯屬於指涉人所不知的己身事那一類型，它固然也還有待驗證（其

實也已無從驗證／只能權為相信），但對於內裏蘊涵的「凡是屬於走私生命的，都不能張揚」一個道德命題，卻也因為被克盡信守能耐而顯得頗有善的價值，所給人的啟發功能並不小。此外，這個案例別為隱藏的一個「既然沒有案底，那麼大膽衝撞網羅也不必駭怕被懲處收拾」近於顛天的命題，付諸實踐就又墮入反善的價值行列。這從當事人吳稚暉一生的行事在倡導唾棄自我所屬傳統文化的偏激舉措上（如打倒孔家店／反吃人的禮教／把線裝書丟進茅廁等）（本店編輯部編，1980：450～452），幾已接近無法無天的地步，似乎又印證了幾分。這種反啟發一樣成真，上述靈異語言的價值概念架構總能夠發揮它的效用。又好比：

> 位於臺南市安南區和臺南縣安定鄉交界，兩棵樹齡各一百五十歲的刺桐樹，昨天由臺南縣長蘇煥智、臺南市長許添財主婚，地方人士見證下共結連理……五、六年來兩棵樹頂端枝葉交接，據說兩樹曾託夢給地方人士，希望兩樹能共結連理。位於臺南市的樹頂並出現七個雀巢，似乎連鳥兒都準備搭起「鵲橋」；最近兩樹紅花綻放，充滿喜氣。（林建農報導，2003）

這個案例所見的靈異語言簡化隱身於「兩樹曾託夢給地方人士，希望兩樹能共結連理」，很明顯是屬於指涉人所不知的物存事（此地特指物靈的活動存續狀況）那一類型，它固然也還有待求證（其實也已無從求證／只能權為相信），但對於內裏蘊涵的「樹靈也有婚媾需求」一個審美命題，依同理心而為人所認可並盡力予以成全夢想，乃共譜了一闋人樹和諧相處的典雅交響曲，著實締造出美的價值，所給人的啟發功能也大有可讚的地方。

關於「靈異語言中的後設判定和評價」在靈異語言的基本認知

中所備具的另一新面貌功效，從上述的舉證裏已略可確定（不必懷疑它展演不了這種功效）；而它所輾轉結果的真善美價值，由於有跨界顯現的特徵而自然印證了它要在同樣成就最新的認知範疇／道德昇華的憑藉／豐富審美的資源等總體效應上居一頂尖耀眼的位置。當中真的價值主要是給人領受增益知識，而善美的價值主要是給人啟發砥礪志節，彼此雖然都可以悸動人心而不無相融通的可能（R. V. Johnson，1980；Mortimer J. Adler，1986；Stuart Isacoff，2002），但還是以「各彰其能」為不失個殊立名的風采（周慶華，2017；231～240）。這在上述的簡別析論中已有端倪可見，往後仍要隨機再作必要的援引印證。

第四節　靈異語言可能的繁衍

認知靈異語言，從它的定型化到類型的區分及其認識條件的揭示到相關的後設判定及其價值的估計等，這已經有相當的規模了。凡是想要了解靈異語言是怎麼一回事的人，都可以在這理論部署中找到知見的門徑。再來還有得從事的是三度後設辨別靈異語言的歧變性，也就是總綰有關「靈異語言可能的繁衍」問題。這一項目的擬定，為的是一舉廓清靈異語言經驗的不盡經驗性，以及所會影響我們面對態度的額外計慮。

所謂靈異語言可能的繁衍，特別是指靈異語言半失或全失它的指涉意義。前面幾節所說的靈異語言在分看經理時都是有所指涉的（不論是人所不知的靈界事，還是人所不知的己身事和物存事，或是人所不知的其他事），而此處的靈異語言在合看或細較中似乎快要失去它的采邑，以至得趕緊把它帶出來「疏通一番」，讓它也像前幾項一樣可以被有效的掌握。這如果說前節的二度後設思辨使得靈異語言能夠判定要在權為相信的心理易動中保證它的存在性及其所具有的真善美價值等，那麼這裏的三度後設思辨就關連到了它的未盡餘韻所該引發我們另眼看待，前後接連最先兩節所說構成一幅較為完整的認知圖。而這則有幾種歧異性的繁衍情況待理：

第一是叢脞蕪雜化。靈異語言所指涉人所不知的靈界事原是最為根本的，也是人在思域擴張中最想自我挑戰的對象（能觸及越廣的範圍就越能顯示自行追躡求知的程度），但有關極為重要的所指靈體究係如何一事大家卻始終還在懵懂中，使得靈界事在這個環節的經驗性大為不經驗性（連純靈本身也說不清祂們為什麼是這副模樣）。原則上關於外觀部分還容易描摹，如本章第一節所說的人靈／鬼靈／幽靈的靈體都是比照（形同）人的肉體，物靈／精靈的靈體乃是

比照物的軀體，神靈的純靈體不是比照人的肉體就是比照物的軀體（比照物的軀體部分，如龍神／虎爺／犬公之類；比照人的肉體部分，則可見於神靈投胎為人而人死後又能回復或躋升為神靈），這些都是可經驗的對象（通靈人能據所見描述而著為範例）（George Anderson 等，2017；盧勝彥，2004a；索非亞，2009；櫻井識子，2017），但對於所有靈實質上是「緣何存在」或「何能存在」等更深且關鍵的課題卻又莫知所以！這從文獻和實際感覺的交互比對中，原可以不理會唯物論者的越俎代庖強說祂來自「神經位元的作用」或「真空能量的虛擬震盪作用」或「不起延續作用的可能的原質」（Gary Zukav，1996；Fred A. Wolf，1999；Francis Crick，2000），也毋須附和一神論神學僅說祂是緣於上帝（耶和華）所吹進人肉體（塵土所造）的「生氣」（香港聖經公會，1996：2）或信仰者別為憑空設想祂乃肇因「稀薄細微的物體」／「精神性實體」／「內在宇宙」／「較高的自我」一些空泛的品類（Phil Cousineau 主編，1998；Corinne Mclaughlin 等，1998；呂大吉主編，1993），以及避免落入佛教特指神／識對象窠臼後更見疏闊難了（慧遠，1974；施護譯，1974；求那跋陀羅譯，1974）等，而僅依中國傳統所普遍提及的「精氣」一義來指實（高誘，1978；王充，1978；孔穎達，1982；戴德，1988；白雲觀常春真人編纂，1995a）。這精氣（精純的氣／有別於一般駁雜的氣），在有感應能力的人眼裏，除了形制如上所述，還有質地就像半透明的雲霧或可形容為奶油棉布／被揉爛的衛生紙／包乾乳酪的紗布等（Michael Newton，2003；Sasha Fenton，2007；Mary Roach，2019；劉清彥譯，2000），同時祂在沒有肉體或軀體束縛的情況下特別具有變化飛昇脹縮（收縮後再恢復為原形）等自由來去的本事（Rick Stack，2004；蔡文華，1995；盧勝彥，2004a）；唯獨有關祂的思感能力來自何處及其不隨所進入肉體或軀體而改變向度（如本

章第一節所說的無腦人／無頭人的旁證，以及出體／換魂／降靈／招魂的戲碼）等，卻一直沒有可靠的證詞。倘若要將此思感能力（純物質性的肉體或軀體不具此能力）等推到精氣形成時就已內具，這在類比科普書說人類知見是源自最初的「創造力大爆炸」或「思想大爆炸」（Ian Tattersall，1999；David Perkins，2001）上自然也講得通，只是一旦再追究起「該爆炸前又如何」，那麼所有的講法就得嚴重受挫而不免要盡流於戲論了。此外，關於靈界的體制為何，以及靈界的運作涉及支配現實界的情況等，所得自靈異語言的也跟上述一樣「紛紜其說」有餘而「想證齊一」不足。如靈界的體制部分，由靈異語言所轉示的有：

> 靈界的「執政」體系，也從二十一世紀起，全面調整更動，原「玉皇大帝」已換另一位神祇擔任，並由「玄天上帝」掌天盤，由「五老祖，五老母」總攬執行。（向立綱，2009：31）

> 彌勒佛祖掌天盤……關聖帝君負責的是天規和天條……觀音佛祖是負責紅塵（情愛）……太上老君則是負責斬妖除魔……母娘是所有靈的母親……（歡喜八方，2011：34）

這說的當僅是跟中土社會相涉的靈界境況，卻又分歧如此！如果再擴及跟他方世界相涉的靈界，那麼有關佛教內隱的眾佛／菩薩／護法和一神教內隱的上帝／天使／魔鬼集團（Karen Armstrong，1999；Bernhard Lang，2006；星雲編著，1995；全佛編輯部主編，2005）等都得跳出來相軋，而造成靈界體制更顯錯亂到難可究詰的地步！其實，光跟中土社會相涉的靈界所被列名在案的天庭冥間神鬼已不知凡幾（岳娟娟等，2005；馬書田，2012a；林金郎，2018），那可

能以三言兩語就能道盡。即使如此，那些轉示自靈異語言的不同說法並陳，也已不無在徒增煩擾！又如靈界的運作涉及支配現實界的部分，也由靈異語言所轉示的有：

> 在二十一世紀，為了對抗魔界的侵犯，人類將面臨一個全面性毀滅的世界末日。因此，在末日來臨前，靈界希望所有到凡間投胎的靈體，在肉體的一生順利結束後，能順利返回靈界覆命、交差，這便是靈歸圓。（向立綱，2016：19）

> 克里昂（靈媒）說地球上最大的邪惡力量，就藏在人類的心智和意願之中……人類意識很低的時代，蓋亞就允許瘟疫和流行病發生……自 1980 年代起，地球就開始發生一個極大的轉換……地球因此有了更高的意識。（Monika Muranyi，2018：99～103）

這說的都涉及現實界被靈界支配的過程，但一方語無保留地球將無人倖存，一方則通融世人可以半自主，彼此竟然幾近南轅北轍，豈不可怪！想必還在領受靈異語言威力的人，值此關頭當也要困惑有加了！

　　第二是相左互戾化。靈異語言所指涉人所不知的己身事，因切近的緣故而為人特別有感且關心不輟；但除了上述靈體所具思感能力來自何處一點靈異語言全然無力解答，還有最能經驗到靈體是否可以分化（分身或分靈）這件事也出現了極大的差異。當中有明指單一靈體就只是單一靈體而不會再行分化（George Anderson 等，2017：124～125；盧勝彥，2004a：52～53）理應是最符合事實的，但別為岔出講說靈體乃有一魂一魄（歐崇敬，2007：2～7）或由靈

／靈識和魂／靈體組合（張開基，2013：41～48）的卻又摻雜不迭而造成言說本身的相互鑿枘（按：後者都是通靈人的持論，不見得全為臆測而沒有求證過外靈，所以也把它歸在靈異語言的範圍一併看待）。這比起早期的三魂七魄說（葛洪，1978；白雲觀長春真人編纂，1995b；馬昌儀，1999）固然精簡了不少，但令人費解的程度恐怕不亞於靈體所內具思感能力那一千古難題。此外，靈體從有了輪迴轉世的觀念（Plato，1989；佚名，2017）以來，大家最在意有關祂流轉徑路的部分，胡亂猜測的多不合謀（Leila Bright，1998；James Van Praagh，2017；吳柄松，2003）本毋須多怪，但由靈異語言所直示或轉示的卻大相逕庭，就教人啞然失笑了：

> 如果一個人的下一世被安排死於暴病，或被殺害，或死於災禍，他往往在轉世前被事先告知……這些安排的目的往往是為了當事者償還前世的業債，或在苦難中錘煉當事者的靈魂，甚至是為他人提供一個在逆境中昇華的機會。（正見美術小組編著，2007：169～170）

> 每個人都是自己實相的主人。你一直在創造自己的實相，可以放開悲慘或不滿意的實相，允許光進入，並轉化你的創造物……光的作用主要是把清明、覺知和透明，帶到思想和感覺的無形架構中──這些架構塑造了你的生命。（Pamela Kribbe，2010：289～290）

> 根據我對祂們的了解，也根據我的經驗，命運真的是個定數，是一個固定的數字，多少？百分之六十。再說清楚一點，就是還有百分之四十可以改變。（伶姬，2003：188～189）

這都在描摹靈體的流轉情況，但有的說無力自主／有的說可以自主
／有的說局部自主，路徑如此眾多，豈不要忙煞正在流轉途中的靈
體即將苦於斟酌抉擇麼！再說可能還有被有意無意推來推去或漫無
目的在兩界游走那種情況尚未計入（周慶華，2006a：189～189），
它可是最讓人罣慮唯恐會陷落進去的暗黑深淵呢！

　　第三是虛擬象徵化。延伸開來，人所不知的己身在趨入人所不
知的靈界也在靈異語言所兼行指涉中（由彼此的交集在保證），這是
人進一步會關心且亟想一探究竟的對象。然而，不無遺憾的它也常
在一番非具體可察勘或證驗的狀態中失去了人對它的信賴。這最高
端指標性的是那有關形上終極實體的依恃以及必要規模形下可居境
地的歸趨等，到目前為止都還在依稀彷彿中而得不著人衷心全力的
擁護。前者（指形上終極實體的依恃），原是要指引人向上一路去皈
依或體證合拍的，但所看到的盡是像底下這類迫使人要去無謂擬想
的說詞：

　　神說：「我們要照著我們的形像、按著我們的樣式造人，使他
　　們管理海裏的魚、空中的鳥、地上的牲畜和全地，並地上所
　　爬的一切昆蟲。」神就照著自己的形象造人，乃是照著祂的
　　形象造男造女。（香港聖經公會，1996：1）

　　一切眾生過去之世有斷煩惱，是故現在得見佛性。以是義故，
　　我常宣說一切眾生悉有佛性，乃至一闡提等亦有佛性……何
　　以故？一闡提等定當得成阿耨多羅三藐三菩提故。（慧嚴等
　　加，1974：524中、下）

道者，虛無之至真也。術者，變化之玄伎也。道無形，因術
以濟人；人有靈，因修而會道。(白雲觀長春真人編纂，1995b：
583)

上引文中所提及的神／佛／道等，乃世界現存三大文化系統（就是
西方的創造觀型文化和東方印度興起的緣起觀型文化及中國傳統的
氣化觀型文化）所各自提領的終極實體，它們可能都是已經發用經
過體驗的語言，差別在於有的是轉述自神靈（包括位格化了的佛）
的說詞而有的是敘述者自己再製的說詞（如道）。因此，這就可以得
知該靈異語言不外有兩個來源：一個是神靈的啟示；一個是人的再
製。當中人的再製部分，可能出於實存體驗（近於神靈的啟示），也
可能出於虛擬或權稱。至於神靈的啟示部分，則始終有著難以求證
的苦衷。但不論如何，那裏面內隱的或者亟欲迫使人絕對服從（特
指含神的說詞），或者要引人同趨涅槃極境（特指含佛的說詞），或
者但為敦促人體道合道（特指含道的說詞），都顯得情境高度虛無飄
渺，很難追摩想像或即身企及。後者（指形下可居境地的歸趨），原
也是要提供人離開塵世後有一理想去處的，但它所發出的保單似乎
都兌現不了，留給人的只是更多的疑惑和不得不許它乃特大象徵而
無奈對待（無奈對待是因為僅能幻想它成真）。好比創造觀型文化一
系所傳說的伊甸園或天堂、緣起觀型文化一系所傳說的佛國淨土或
極樂世界和氣化觀型文化一系所傳說的洞天福地或瑤臺仙境等，都
經歷過靈異語言直示或轉示而被後人所掇拾再論不輟（Gabrielle van
Zuylen，1998；釋慧嚴，1998；詹石窗，2005），但整體看來想像它
們存在的意義遠大於實有的意義；否則也不致有無數的靈體都沒嘗
試過靠岸又輕易的流轉來到塵世，以及各自所擬議的勝境門檻特高
且功能互不相侔僅在理念一關就阻絕了不少靈體自由趨入等。可見

當真要歸趨，到頭來仍無可歸趨，徒讓戲論在這裏又得平添一椿！

　　第四是強藉符號化。回到靈異語言本身的運作上，由於它是伴隨著靈現異象／感靈駭異／神靈怪異等靈異現象而出現的語言，自有乍遇式的困折／後結式的困折／全程式的困折等實際需求在背後支持促動，而它很明顯有通泛性的在進行命令、指示、警告、禁止、祈使和感嘆等也都可以比照一般語用律則（李安宅，1978；徐道鄰，1980；戴華山，1984）來理解，只不過實際可見的情況卻是在靈異語言以外又增添了許多符號，包括咒術、符籙、手印、卦相一類具主導性的經靈界所選創而為現實界外發的視聽媒介和器物、祭品、誦經、禮拜、呼求、數術、禱告、修持一類帶延伸效應的乃現實界為溝通靈異而選創的視聽媒介等（Emile Durkheim，1992；Bronislaw Malinowski，1996；Harold Bloom，2000；Geoffrey Cornelius 等，2004；高壽仙，1994；金澤，1999；劉清彥譯，2001a；蔡東楓，2001；王浩，2004；丹尼爾，2005），而造成更形繁瑣難理的類靈異語言一項特大景觀。它的圖示已經不得不因此類語言而有所擴編：

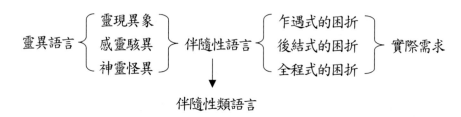

圖式擴編後的靈異語言的實際需求，很可能會轉由對類靈異語言的依賴，殊不知那是隔著一層且必須經過多重轉譯程序才能夠被了解，在相關人所不知的靈界事／己身事／物存事／其他事的示意上到底是更容易表露還是會轉趨潛隱晦暗，諒必明眼人（或外靈）一看就能立即判斷。因此，有關諸般符號的被強藉來表意，不啻暗示了靈

異語言的繁衍正在向一條「不知伊於胡底」的道路前進。

第五是徹底神秘化。靈異語言的存在早已是一種奧妙難喻的經驗了（可類比為「向理念世界超升」或「神恩充滿」那種神秘感）（周慶華，2006a：61），而再普遍化將類靈異語言中的咒術抽繹它的核心「咒語」來搬弄，無異是在加倍深鑄它的神祕性。這種現象的頻繁示眾，難保不會連累到靈異語言自身的可欲或可推廣的價值。畢竟靈異語言要加碼藉它來維持既來的獨特性（有所區隔於現實語言），所面對的最大考驗乃在接受方只能迷惑而皮相的忍待它，並無法實質領會它所要傳達可能的奇詭意涵，從而疏離它的心理連結企圖。即使像佛教密宗所規創六字箴言「嗡嘛呢叭咪吽（om ma ni pad mi hun）」此一公開化的咒語，內隱要信徒特為知解它的「能離習欲、壞煩惱、除我執、悟真如、生歡喜、證淨果」這項精義（李冀誠等，2007：94），恐怕也會在眾人有口無心的隨意道出中喪失殆盡！更何況另有小靈圈專使的較屬私秘性的咒語（阮茂森，1979；劉曉明，1995；雲星道人集編，2010），凡是主被動接觸的人都被告知或被戒惕「不可外傳」（源淼，2007；樊馨曼，2014；黎明編譯，2016），以確保該咒語在內部識別流通中的穩定性以及涉外優為爭取他者的信從。這已是要自我徹底神秘化了（不像其他靈異語言還可以供人遙想某種程度的具像性），相關的靈異語言繁衍「大業」經過這一鉅變，它的不盡經驗性就真的要註定不去了。

縱是如此，靈異語言繁衍顯現的所指涉人所不知靈界事的叢脞蕪雜化和所指涉人所不知己身事的相左互戾化，以及兼行所指涉人所不知己身在趨入人所不知靈界的虛擬象徵化等，一如現實語言所述情事常見無有準的的翻版或互為趨同（相牽合也可另類印證前章第三節所說「解釋法則的共通系統性」一理），仍不妨依憑最不得已的信仰條件（周慶華，2000：101～119；2006b：101～115）來斟酌

決定選單而不減損個別訊息在各項認知上的功能（否則都棄絕了就得從頭來過，而這種對待態度理應不是合該有的）。至於類靈異語言的強藉符號化及其特定符號被搬弄所顯現的徹底神秘化現象，則可權宜判定靈異語言就像現實語言一樣依然處在未能規制化的過程中（有待建制成為可遵循的一套符號），才有此類繁衍現象這般在眩人耳目，等那一天靈界有能耐自我調整了，也許就會得著改善；而相似的，相信與否的權利還是可以掌握在人手中，雅不願被惑亂的就冀望他自己勤於發展出有效可靠的甄辨對策來。開頭所說的疏通一番，就是這樣連敘帶評的予以辦理完成；從此靈異語言經驗的不盡經驗性（錯雜和抽象詭譎了）課題，要定位它應當不會再有比此地這種處理方式更適合了。

第三章　靈異語言的物質性及其被使用情況

第一節　靈異語言的顯隱形式

　　靈異語言的基本認知所涵蓋各個項目一旦確立它們的實質後，就可以在論述上冒起或統攝底下各章而完成允稱邏輯綿密的靈異語言學主體形貌。這種形貌雖然有「構成分子的分布區域如何」一個問題需要解答（詳見第二章第一節），但相關分子的分布得由此一基本認知專章定案後才能接著冒起或統攝其他各章（而不是任由它們零散併列），卻也沒有理路可以鬆動的空間。因此，在靈異語言有所多重或幾已是極限後設認知的前提下，要依違在此間而結合其他學科來談論分衍性或更進層性的靈異語言課題（仍然不出初度／二度／三度後設思辨的範域），也就「正當其時」或「恰如其分」。而這較近層的就是從宏觀或廣涵語言學的角度來看「靈異語言的物質性及其被使用情況」，所得處理的細項則包括「靈異語言的顯隱形式」、「靈異語言形現的機遇」、「靈異語言的徵旨結構」和「靈異語言的中介轉繹功能」等。現在就依次先處理「靈異語言的顯隱形式」課題。

　　如果說一般語言學所屬語音／語詞／語法等奠基性的物質層次不再列入有關靈異語言的討論範圍，那麼通於語義而還可以保留一點中性物質樣態的最明顯就是靈異語言的顯隱形式部分。換句話說，靈異語言的表現形式有明顯可察的，也有隱晦難解的，彼此都在中間點上歸語用機制所管控，而得先有一番指陳說明，才知道該差異性的所被使用情況如何的有別於現實語言。而這不妨從下列幾方面來談：

　　第一，靈異語言不論是明陳式的直示或撮述示的轉示（詳見第二章第四節），大多為顯性的表現。這種表現形式，乃有一「明白告知了」的語義組合（清楚告知靈界事／己身事／物存事／其他事等）。相對的，則是少數另行擇異的隱性的表現。這種表現形式，藏匿在一個模糊化的理解空間裏（需要去尋繹），表面上缺乏同樣的語義組合。如：

> 二人（天使）對羅得說：「你這裏還有什麼人嗎……你都要將他們從這地方帶出去。我們要毀滅這地方，因為城內罪惡的聲音在耶和華面前甚大，耶和華差我們來，要毀滅這地方。」（香港聖經公會，1996：16）

> 神又對亞伯拉罕說：「你和你的後裔必世世代代遵守我的約。你們所有的男子都要受割禮；這就是我跟你並你的後裔所立的約，是你們所當遵守的……但不受割禮的男子必從民中剪除，因他背了我的約。」（香港聖經公會，1996：14）

前則引號內的靈異語言所述為物的活動存續狀況（神靈要毀滅所多瑪城），乃屬明白告知的顯式表現；後則引號內的靈異語言所述也為物的活動存續狀況（神靈要男子割除包皮），但並沒有一併交代用意何在，而留下儘多空白為後人所無盡想像填補（有的說那是為了避免感染泌尿疾病或防止藏汙納垢而導致不安全性行為；有的說那是要妨礙末梢神經的流動和龜頭的潤滑而降低對性的敏感度；有的說那是神靈亟欲操控人所設的勾當而內蘊虔誠或器官相互連結一類的形上喻意，紛紛紜紜，難可究詰）（David M. Friedman，2002：50～53；Andrea Dworkin，2002：321～323；Joseph Cohen，2005：12～

15），乃屬未明白告知的隱式表現。

　　第二，該模糊化的理解空間還摻和了以比喻／象徵表義的詩性或美感成分，而不免會影響到靈異語言所述事被有效的掌握（這是就特別重要的認知一點來說，而暫且不計別有審美或道德方面的考慮）。如：

> 在網路開放性的思辨交流及訊息下載後的精密邏輯的建構和整合，始終是非我能力所及的……然而（外靈）回應的訊息跟往常一樣：「已安排好合作的夥伴，只要隨機在網路社羣的討論社團就會遇到了……」（李國榮，2019：黃逸美自序 2〈我此生的「畢業報告」〉23）

> 到了民國 97 年間，因為仙佛的指示，要我把通靈幾年來經歷的故事寫下，我便開始在網路寫文章。民國 100 年的某天，「你去找趙老大……」某天凌晨的睡夢中出現這個聲音。醒來，我怔了一下，是和出書的事有關。（平易口述、趙慕嵩撰稿，2014：295）

> 在我的視線邊緣突然瞄到床尾有個（鬼靈），我認出那輪廓就像是亞伯拉罕・林肯……林肯傳送了另一個心念給我：「我跟許多人一同前來，我們是新的秩序，而且我們帶了一個訊息給你。」（James Van Praagh，2011：117）

> 父親（靈）繼續補充：「我已經在這裏了，我很完美！」父親加強語氣表示：所有這些外在儀式和人造物品「跟我現在的旅程一點兒關係都沒有！」他關心的是我們有沒有為他過度

　　花費，他希望我們用省便輕鬆的方式進行，不願任何人難過憂傷！（Marilyn Raphael，2012：242～243）

　　前二則引號中的靈異語言徵候著靈界有能耐代現實中人找到論學夥伴和出書機會，但因為相關的管道、方式和撮合過程等具體徵旨不明，使得接收者要不有如墜入五里雲霧中而困惑莫名也難！後二則引號中的靈異語言所嵌入「我們是新的秩序」和「我很完美」／「我現在的旅程」等片段，很明顯是在隱喻身在靈界或進入靈界蛻變的狀況，但也因為喻意欠彰（不知何以有此轉變及其實際情形如何等）而造成包括旁觀者在內難以理解它的奧妙所在。這都是緣於多了一個比喻／象徵等間接表意程序所導致的；它縱使可以讓人多方尋繹而別有欣趣體驗，但僅就最切要或最優先的獲知一點來論斷，顯然是頗有匱缺的！

　　第三，更有甚者該模糊化的理解空間軋入類靈異語言此一旁衍經驗，而形成一個隱義益加被緊密包裹的局面，終而在某種程度上刻意斷離或設障人和外靈的溝通。這些類靈異語言，有的顯現在靈界所選創而為現實界外發「有形」的視聽媒介如咒術、符籙、手印和卦相等的明著寓意；有的則顯現在靈界所選創而直接外發「無形」的視聽媒介如「器物」（包括「武器」、「印信」和「藥壺」等）、「動作」（包括「招式」、「舞容」和「呼喝」等）、「影像」（包括「照片」、「動畫」和「全錄」等）和「令牌」（包括「通關令牌」、「取物令牌」和「追討令牌」）等的半明著寓意。如（僅以「無形」的視聽媒介為例）：

　　　我跟祂會靈時……我雙手向半空中舉起，一個類似筆的東西出現在手中……心中便響起一個聲音：「文殊筆。」……（我

提出疑問）又該如何使用文殊筆？文殊菩薩告知：「心轉方可。」（宇色，2012：125～126）

催眠快要結束時，個案告訴我：「老師，南極仙翁要送你一個葫蘆。」「做什麼用的？」雖然知道不一定有答案，我還是問問看。果然，每次都得到同樣的答案：「他說以後你就知道了。」（廖云釩，2016：95）

（三山九侯先生說）「今天我來的目的無他，你伸手掌運靈，我教會你『屈指神算』，將身上之靈命運至指頭的末梢，口中恭唸無極先天法咒，問何事，請神示，如此就知矣……以後你只要屈指一算，天下事在你掌握之中。」（盧勝彥，2004a：101）

後來又到新莊一家供奉玄天上帝的神壇，那裏的師兄起駕後就說：「你生病的原因確實是因為祂，祂是一位你的前世情人，很愛你，不但不願意投胎，並且還領了令牌來找你。」（江敬嘉，2008：23）

上述四則引號中的靈異語言所提及僅為靈眼所能辨識的「文殊筆」、「葫蘆」、「屈指／無極先天法咒」和「令牌」等（因一般人無從瞧見，才說它們是「無形」的視聽媒介），都少了發處「選創用意」那一環節，致使接收者只能囫圇吸納而惑亂以對（當中「葫蘆」一物固然暗示裏面「有藥可施」，但也因為它來自南極仙翁所授卻又無意讓當事人知道內幕，形同白費），不啻是在橫生枝節而無有了時。

第四，最不可思議乃該模糊化的理解空間所終結靈異語言而出

以一個「天機不可洩露」的指令（Dolores Cannon，2012：232；張開基，1999：210；王溢嘉，2013：17），讓所有的隱式表現儼然要退回到「無所說」或「枉然說」的認知起點。這種為阻絕接受者進一步窺探而間帶有打啞謎式的說詞，無異成了哲學上所謂的二律背反（「天機不可洩露」說，蘊涵了「天機可洩露」此一對反面）（Peter Kunzmann 等，2007：141～143）、甚或是雙面性詭論（天機原可洩露卻又說不可洩露／實際不知天機卻又矯造說天機不可洩露）（周慶華，2000：108～109），而相較現實語言也有事涉「商業機密」／「偵察不公開」／「陰謀叛變」而保留內幕一類的二律背反或雙面性詭論（Gerard I. Nierenberg 等，1987；Michael Devitt 等，2003；David Crystal，2010）來說不無多了一個幾近徹底求解無門的難點（現實語言所保留的內幕都可以在一番窺伺或竊取中破譯，而天機卻有如藏在漫無邊際的虛空裏索求不得）。

　　上述二、三、四方面，都是從隱式表現一端繁衍而來。它的多重性或多樣性形態，顯然比顯式表現那一端要可觀些許。這在現實語言原也能夠如此對列定點分化，只因靈異語言所述內容儘關殊異的靈界事／己身事／物存事／其他事等，以至得獨立出來特別看待。但也由於該隱式表現已多歧出（如上所述），而涉及到所被使用過程中可能「別有計慮」或「無奈湊合」的某些心理／社會因素，相關的解釋還得容後再作處理。

第二節　靈異語言形現的機遇性

表面上顯隱形式僅是靈異語言的物質性展現，可以不關被認知習取以外的事，但實際上在回返原先制約它的語用情境（在此情境中才能定位它的表出方式），卻又無不可發現該顯隱形式全是經過使用程序而可能的。也就是說，靈異語言的顯隱形式是被使用才成為那種模樣的；馴致凡是有所表彰的物質性對象，都要夾帶一齣非物質性的實演戲碼（即使是選題考量不便提及它）。這在繼續要談的「靈異語言形現的機遇性」課題上，更可以看出此一物質性及其被使用情況的連動果效或理義雙重要求。

倘若要說靈異語言的顯隱形式已是備妥在案了，那麼對於促成它形現的動態演出究竟是怎麼一回事自然得接著加以描繪說明才能克盡論述的職責。而這從它的機遇性談起，在穿透語言簾幕上不處可以排除障蔽而迅速找到一個既能承上列敘又可啟下議題的立足點。換句話說，靈異語言的表出不論是顯式的還是隱式的，背後都有一段機遇性的形現歷程；而對這段歷程的了解，也就預告了它將再開展另一項課題（詳後節）。

所謂的機遇性，相對的是恆常性。就一般語言的使用來看，緣於具體情境的制約難免有一碎片化的時間起迄（無從像鐘錶運作那般持續不歇），使得反轉恆常性的可能誤判而往機遇性一途來考索，也就可以「切中肯綮」。只不過有關靈異語言形現的機遇性依經驗大多已逸離尋常為營生發話或乏旨絮叨的範圍，而儘朝向自鑄主體性的階次邁進。這個主體性，自然是專屬於靈界的，目的無不在顯示祂們「能」而現實中人「不能」，彼此能夠在相當程度上區別開來。而總計，該機遇性的機遇約有底下幾種情況：

第一是回應求助者。現實中人對靈界事／己身事／物存事／其

他事等有疑惑或切身關礙而求助於外靈時，靈異語言就會適時的出現。如：

　　（高靈給）訊息：「形象是外在的，跟內在的運行是沒有關係的，在意這些只是人類的想法，也是一種假相。通靈不需要經過一種儀式，雖然很多人以為必須如此……你看花，就不用看葉子，但這些都同時存在，也正在改變著。」（章成，2011：174）

　　一位公司董事長的太太，長年吃齋達四十餘年，每天早上起來唸經禮佛，她來看老師埋怨地說：「我一輩子虔誠信仰，為什麼四個兒子都不爭氣，先生也在外頭包養女人？」老師告訴她，現在神尊給我的訊息是說：「你為人尖酸刻薄，把員工看得豬狗不如，街坊鄰居人人都討厭你。所以你吃齋禮佛四十年，一點功德都沒有。」她聽後悻悻然離去。（向立綱，2007：205～206）

兩則文中的靈異語言都是在現實中人有所請求（一為明了通靈事；一為知徹報應事）而外靈當下給予回應時形現的。不論它是顯式還是隱式（前則後半段以花葉可接連欣賞隱喻通靈事無礙跟他事同時進行，屬於隱式類），就兩界互動要有近似「主客關係」這一格來說，此類緣於外索而非內發的機遇性特別常見。

　　第二是揀選靈媒。外靈（以神靈居多）想對現實界有所作為而需要中介者來代為傳達旨意或施力顯效時，靈異語言也會適時的出現。如：

那個神祕人物用很嚴肅的語氣對史威登堡說:「別害怕!我是神派來的使者。我來這裏,是要賦予你一個重要使命。你會被帶到死後的世界,也就是『靈界』去。你要去跟那裏的靈溝通交流,將在那世界的見聞紀錄下來,轉達給這人世的人們。千萬不要輕忽你這神聖的使命!」(史威登堡研究會編著,2010:32)

曾經,楊傳廣也再三請示「木公」,詢問為什麼不抓其他人當乩童,而偏偏挑中了他?「木公」答覆他說:「因為你已有相當的名氣,至少全中國人都知道有位『亞洲鐵人』叫楊傳廣,也為你特別作過歌。為了宣揚教化,勸善渡人,找像你這樣具有名氣的人更容易使人信服,而相信冥冥中真有神鬼存在。」(張開基,2000:85)

兩則文中的靈異語言都是在外靈尋索替身或代言人時而形現的。不管它是象徵靈界對現實界的支配能耐或是象徵現實界短少於對靈界的深廣認知,就兩界互動也要有比照「僱傭關係」這一格來說,此類緣於單向執意發訊的機遇性也時有所聞。

　　第三是互軋。外靈和外靈(兼及靈媒或通靈人此一準關係人)之間,基於權益衝突或亟想凸出己方本事時,也會藉機由自我靈媒外發或透過他者靈媒強為示意而使得靈異語言有意無意的偶然流露出來。如:

李海仲大吃一驚地問他:「你怎麼敢做關帝?」鬼魂笑著答說:「世上觀音關帝,都鬼冒充。村中唱戲是為向村中關廟中的關帝還願,那位在村中冒充關帝接受村民牲禮香火供奉

的孤魂野鬼，比我更無賴，連我見了祂都很生氣，所以和祂
打鬥了一場，打敗了祂又把祂趕走了。剛才你沒聽見飛砂走
石的聲音嗎？正是我在和祂打鬥……」（張開基，2005：191）

我試圖以更精準的問題去問卷調查我身邊的鬼關於祂們世
界的事情，令我震驚的是，祂們其實也答不上來。原來「鬼
界的歧見很深（嚴重）的！」……當然也會有以訛傳訛的狀
況出現。曾有很白目的鬼問我：「你們不是看到我應該要很駭
怕、要燒紙錢給我嗎？」還「應該」哩……有本事你來搶啊！
（索非亞，2009：171）

兩則文中的靈異語言都是在外靈彼此互有不滿或見解歧異時而形現
的（雖然在前則中該訊息有所隱藏於打鬥／趕走等概括性的話語裏
而在後則中該訊息並未具體敘出及詳述迎拒訛傳狀況）。不理它是徵
候靈界仍然有激烈的權力傾軋情事還是徵候靈界不如想像外靈可以
盡了及其對現實中人（或專門針對靈媒／通靈人）的非正常看取，
就靈界內部互動也會有尋常「競爭關係」這一格來說，此類緣於喚
起或引出的機遇性也尤為多例。

第四是警示災難。現實界的天災人禍只要是來自靈界所發動激
盪的，多少都會有消息經由某些非決策者卻能密契的外靈轉譯給現
實界，以至相關的靈異語言就會因事應機的流露出來。如：

恐怖分子攻擊雙子星大廈的事件，就是一個很好的例子。世
界各地的靈媒在事件發生前都曾打過電話給美國的警察局、
FBI 和白宮去警告他們……有很多朋友打電話告訴我，他們
都有接收到類似的訊息。（Sasha Fenton，2007：94）

在近百年前的二十世紀初、中期，靈界曾釋給許多西方靈與預言家類似的訊息，稱：「2012 年和 2025 年，世局將有重大變化」，並明喻那兩年「將有世界大戰的爆發，並造成人類世界的末日」。（向立綱，2010：292）

兩則文中的靈異語言都是在外靈有所警告喻示災難時而形現的（縱使前則僅為撰述且未明言有外靈介入而後則轉述者還獲有相異訊息於後續文中一併交代）。不計它是隱示靈界對現實界的宰制潛能或是靈界對兩界失衡具有最終的仲裁權（而使出霹靂手段對現實界發動災難冀以恢復兩界的平衡），就靈界溫和派（或憐憫者）也會有想保留某種「護佑關係」這一格來說，此類緣於善意洩露天機的機遇性也不惶謙讓。

　　第五是其他。除了回應求助者／揀選靈媒／互軋／警示災難等專屬的靈異語言形現機遇，還有更多充滿緊張氣氛的兩界迴圈也在促使靈異語言的化隱為顯。而這因分布較為廣闊只得權且歸入「其他」情況，重要項目則有布厄、騷亂作弄和搶白等。如：

主最近多次跟我提說有關女兒小 E 的結局……「因為她的不順服，延誤了神的啟示有二年半之久，延拖了神的工作，所以已經摘掉她的冠冕，她的財富要逐漸失去，婚姻不蒙祝福，她所謀的事情沒有可以成就的……」我聽完之後，感到震驚。（安德烈，2013：163）

我透過電話請附在惠美身上的鬼魂出來對話，而這些鬼魂至少有五六個。「這個人很踐，到了我們的地盤還大言不慚，要

給她一點教訓才行。」這幾個鬼魂憤恨地說著。(沈嶸口述、米蘭達撰文，2009：93)

阿嬤……說：「恩主公啊，你不是給我聖杯答應賜予護身符，保佑我孫兒騎車平安無事嗎？怎麼可以這麼不靈驗，你看我孫兒發生車禍正躺在病床呢！」……關聖帝君看著眾神，停了一下，搖搖頭說：「她的孫兒騎車飆到時速 100，我就算騎著赤兔馬也追不上，怎麼保佑她孫兒？」(江嘉葉，2013：207)

三則文中的靈異語言都是在外靈亟欲懲治不肖信徒、教訓越界者和辯解咎責不在自己等他案時形現的。不嫌它是兩界迴圈裏難免會有的毀諾／互信不足／難相強等糾葛，就靈界的優勢遭遇挑釁勢必會有片面升起「敵對關係」這一格來說，此類緣於觸著就發的機遇性也沒可少計。

以上五種情況(其實還有多種次情況)，歸結了靈異語言在被使用過程中所可能的形現機遇。雖然在舉例上並未納入一種長時段訪談語多蕪雜且帶綜合性的演出(Michael Newton，2003；Barbara R. Rommer，2005；Jane Roberts，2010；Monika Muranyi，2018；蔡果億，2007；章成，2011；林吉成，2011；筆先生，2012)，但有關靈異語言經由使用而顯現多形態的物質性卻也足夠從這裏覷見彼此的因果關連。而這結合前節所說的表出形式及更早出的靈異語言類型(詳見第二章第二節)，則可以形成一個三連式的關係圖：

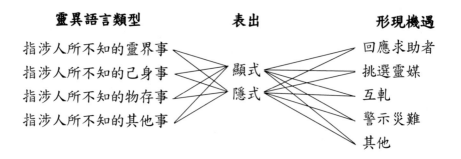

在這個關係圖裏，每一種靈異語言類型都可能有顯隱式表現，也都可能在回應求助者／挑選靈媒／互軋／警示災難／其他的機遇中形現（只是舉例時不克盡情觸及）。它們仍有成分需要係聯（詳後節），此地基於體例設定就暫告一段落。

第三節　靈異語言的徵旨結構

　　靈異語言以能指涉人所不知的靈界事／己身事／物存事／其他事等為所專擅，在發用時又兼採顯隱方式表出，而相關形現的機遇性則分布於回應求助者／揀選靈媒／互軋／警示災難／其他等諸般事項，這都在它的物質性及其被使用情況的連動效果或理義雙重要求中完成，已經有前節的論證可以指實。此外，當還有一種比較隱微的徵旨結構需要加以掀揭，以便在同一課題範圍內能給靈異語言注入涵蓋面特廣的知識量。

　　這是說靈異語言在縮結或疏通靈界／現實界網絡的過程中，也得顯現出一種象徵兩界相互媒合關係與否的結構，才有一個結穴式的確切準的可以描摩對勘。而這得從兩界的次元性交涉（詳見第一章第三節）談起：以最基本的一次元和一次元的關連為例（其餘的多次元和一次元的關連／多次元和多次元的關連等都還在難以求證階段，暫不計入），它原可根據對等的方式進行分合或拆疊（周慶華，2006a：36～38），但依經驗靈界能對現實界起制約或控勒作用而實有超出該格局所體現的範圍，以至彼此的交涉關係就得有相當程度的轉變。如圖所示：

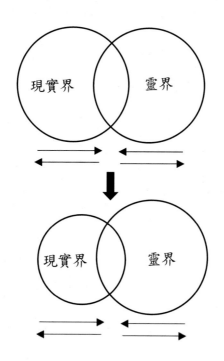

這一轉變，使得靈界和現實界的交涉出現了較為複雜的形態類型，包括原先有的對立／互補關係（兩界相拆分／相疊合時的情況）及現在多出的階次／隸屬關係（靈界偏包裹／正包裹現實界的情況）。也因此，靈界語言深入在象徵兩界的媒合性歷程中也就有了對立／互補／階次／隸屬等多種關係變化（不合再以某一特定角度相看待）。而這換成徵旨結構的可操作性說詞，就是緣這些交涉形態的象徵旨意（簡稱徵旨）而得出的對立／互補／階次／隸屬等結構類型的分列。底下就逐項加以概略的舉證：

　　第一，對立徵旨結構。靈異語言所敘不論是那一種情況，都是

以跟人發生關係為前提（也就是全部要說給人聽）；而這在外靈和人彼此不免相互仇視時，就會帶出它所象徵的關係有此一對立結構現象。如：

> 臺東市一對張姓兄弟在五年前二人陸續無端發生哭鬧失態的行為，於是向東王木公的乩童楊傳廣請教；但法力一過，附體鬼魂仍然繼續侵擾……說「我是有討令的，做人要甘願，前世因後世果，不要心存怨恨，找任何人來都一樣」等；張弟還為閃避鬼魂的耳語出過車禍……（周敏煌報導，2003）

> （外靈）用最下流的言語在咒罵著約翰・貝爾，並且表明要把他送進墳墓裏去……有一個醫生特地為貝爾調製了特效藥……可是當家人將藥帶回家的時候，卻發現藥瓶裏的藥居然變成了噁心的液體……那個聲音是這樣說的：「這次就要解決了，我會在這個傢伙沈睡的時候，讓他喝下這個東西，絕對是死定了！」約翰・貝爾果然就在當天氣絕身亡。（Budd Hopkins，2004b：36～37）

類比現實中所見的怨怒殺伐，靈界也會有緣結仇延伸而造成外靈報復人的尋仇事件，使得兩界在某種程度上有所分離關係。如圖所示：

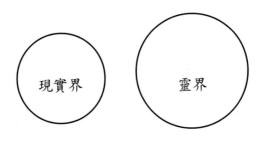

這從上述二則文內靈異語言的斷制徵候，可知兩界已無可避免要局部性在對立徵旨結構中存續。這是因權益衝突所引起（詳見第五章）而無可如何的事；只要一天不化解該權益衝突，兩界中存在體的相互讎對也就不可能去除。

　　第二，互補徵旨結構。相對前者來說，靈異語言的出現有所顯示外靈和人互相倚待或共榮辱的成效，這就會引生它所象徵的關係有另一互補結構現象。如：

> 曾經在佛堂閉目小坐，見一小老頭施施然而來……「我是旱溪西方小土地公，因身體不適，特求『龍符』而來。」「『龍符』！你怎知我會龍符？」「小土地神通廣大，早知三山九侯先生曾傳你龍符。」所謂「龍符」專治神明的五衰相現……小土地求到我，我運筆書符結印，替土地公公燒了，那位土地公公歡喜雀躍而去。（盧勝彥，2004a：51）

> 蘿拉指認這位男士是她祖父。祂的個性在祂透過我對蘿拉說話時強而有力地流露出來：「『我』才是需要你原諒的人。我毒打你父親，我把他變成一個像我一樣憤怒的人。他把怒氣全發洩在你身上是我的錯。」……聽到這些話，蘿拉捧著面紙掩面哭泣……「是的，我願意原諒你，爺爺。」……我看到一名女子陪同她父親和祖父到了一個泛著黃光、類似平臺的地方，接著祂們便消失了。（Doreen Virtue，2007：20）

一樣類比現實中所見的才藝德能互濟，靈界也會別有緣合作延伸而造成外靈索求於人的尋覓惠賜或親善事件，使得兩界在某種程度上

也有所交集關係。如圖所示：

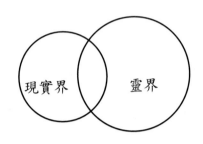

這從上述二則文內靈異語言的啟發徵候，可知兩界大有可能也要局部性在互補徵旨結構中存續（縱然第一則所示該龍符為外靈所授而非人天生自稟，但人後天有此承受能耐也算是奇類，可以回過頭去濟助其他外靈）。而這從某些類靈異語言的表現來看，也能得出相同的結論。例如古人所傳黃帝史官倉頡造字時大為引發「**天雨粟，夜鬼哭**」，這乃是兩界互通有無的一種雙昇華徵兆，只不過前人將它解釋為「**倉頡始視鳥迹之文，造書契，則詐偽萌生。詐偽萌生，則棄本趨末，棄耕作之業，而務錐刀之利。天知其將餓，故為雨粟。鬼恐為書文所劾，故夜哭也**」（高誘，1978：116～117），所作「憐憫」／「駭怕」的斷言未免過於消極。不如依正面予以推測前者為神靈對倉頡能造字的「獎賞」（降下粟米表示）而後者為鬼靈對原同類卻比自己強甚的倉頡能造字的「感佩」（喜極而泣）（周慶華，2006a：78～79）。不論如何，兩界互動總是有可以符應互補徵旨結構的。這已經背離權益衝突那傾斜面，自然毋須再為它多提點什麼。

　　第三，階次徵旨結構。對立和互補兩種結構類型還不足以涵蓋兩界交涉關係的，就得有其他結構類型來填補。而這依漸次經驗（先淺後深）可得的，則有靈異語言直透外靈和人共處一個準組織層級或類職場，從而顯現它所象徵的關係乃有別一階次結構現象。如：

我說我修行的境界不錯了，釋迦牟尼佛都給我授記成佛，叫華光自在佛……祂說：「你成佛就叫華光自在佛。」祂都寫給我看。（盧勝彥，2004b：169）

冰川神社的神明……祂看著我說：「你身邊跟著好多神明，讓我也成為其中之一吧！」表示願意和我結緣……雖然神明已經表達善意，願意和我結緣，但我們之間仍然有一段距離。（櫻井識子，2017：113～114）

近似類比現實中所見的社會階層形態，靈界也會儘多有緣信賴延伸而造成外靈肯定人位階功能的比價事件，使得兩界在一定程度上有所偏包裹關係。如圖所示：

這從上述二則文內靈異語言的外溢徵候，可知兩界仍要廣看也要局部性在階次徵旨結構中存續（即使第二則有關冰川神社神明的結緣說要轉個彎才能會得此意）。而這並無明顯的權益衝突可以計點（內裏實有未宣的另當別論），當然也沒有另加討論的餘地。

第四，隸屬徵旨結構。上述所謂得有其他結構類型來填補，所

包括的還有此地正要續說的一個級次且為最稱大宗。這在終極證驗後乃發現靈異語言明陳了外靈對人的單向絕對性支配，因此透露它所象徵的關係實有強一隸屬結構現象。如：

> 時間一到，黑白無常將鎖魂鎖套上，當我（作者父親靈）被拉起來的那一刻，我反而坦然了……那時黑白無常說：「你的大限時間是 1 點 30 分，不是醫院死亡證明書上寫的 3 點 45 分。你是生於中華民國 20 年 3 月 27 日午時。」而我生前只知道自己生日是 1931 年（民國 20 年）3 月 27 日，不知道是幾時，可是黑白無常都幫我講清楚了。（秀慈，2017：214）

> 當獲得不管答案是誰大家都不介意的承諾之後，他就開始跟靈界溝通。一段時間後，史威登堡突然將眼睛睜開，對著聽眾說：「這裏有一位歐洛福森先生，會在明天凌晨 4 點 45 分去世。」……第二天清晨，就在前一天史威登堡預言的時間，歐洛福森突然心臟麻痺而死……史威登堡對那些人說：「我並不是什麼魔法師。只是我很清楚人的壽數由天定，所以去靈界問了問答案而已。」（史威登堡研究會編著，2010：76～77）

相仿類比現實中所見的無縫相屬場域，靈界更會緣權勢延伸而造成外靈定位人的宰制事件，使得兩界在無限程度上有所正包裹關係。如圖所示：

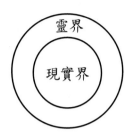

這從上述二則文內靈異語言的絕決徵候，可知兩界最終轉換輪迴也要局部性改為必要全面性在隸屬徵旨結構中存續（前面三種結構類型就只是兩界在低限度內的權宜性關係劃分）。而這所內隱帶總縮性的權益衝突，就緜延無盡而有待通達智慧來細繹慢理（周慶華，2002；2006a；2017）；本脈絡因受限於議題設定，就不多加置喙了。

　　正如現實中人也互有對立（如仇敵或競爭對手）／互補（如夫妻子女或職夥伴）／階次（如長官部屬或老闆員工）／隸屬（如極權統治雙方或司法判決兩造）等關係狀況，延伸到靈界所會跟現實界起連接作用的也不出這個範圍。此地雖然未能再細究可能存在的多次元性關連（P. C. W. Davies 等，1994；Margaret Wertheim，2000；Sean Carroll，2017），但對於兩界實質發生關係有這四種結構可據為指稱也算是發掘有功了。而這跟前節所定下的三連式關係圖，不啻能夠再一連而完整呈現靈異語言所涉物質性及其被使用情況的階段性形貌：

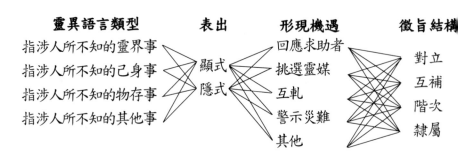

同樣在這個關係圖裏，除了可見每一種靈異語言類型都可能有顯隱式表現及其在回應求助者／挑選靈媒／互軋／警示災難／其他的機遇中形現，還能得知每一種靈異語言類型在表現及其形現中有對立／互補／階次／隸屬等多種徵旨結構（只是舉例時也無法盡情觸及）它們將綜合在其他課題中發揮連繫更深意義的功能，不妨就繼續期待下去。

第四節　靈異語言的中介轉譯功能

除了顯隱形式、形現的機遇性和徵旨結構等物質性及其被使用情況，靈異語言還有一個同質且略帶終極性的中介轉繹功能問題亟待解決。這是起因於靈異語言必須經過中介者轉繹才有相關的物質形式可被掌握推測，而該轉繹本身能否如實或有效也就考驗著這一中介性的價位及其存在意義。換句話說，如果轉繹本身失去準度或缺乏效率，那麼所影響的就不只是接受者對它的信賴程度，還會連帶關係到發用者權力位置的轉移及其後續效應的維持與否，總得認真予以看待。

正緣於靈異語言有一特殊的語用情境（要傳達人所不知的靈界事／己身事／物存事／其他事等），以及加入轉繹媒介在起摻和作用，致使該中介者的重要性就不由自主的浮現了出來，而有待我們細為琢磨或嚴肅以對。這中介者，已知的有一般通泛的感應者和靈媒這種專業的通靈人。他們都是先天已然或後天才啟動而個別或綜合具有天眼通、天耳通、天鼻通、他心通、宿命通、神足通和漏盡通等能力（潘添勝，2005；盧勝彥，2005；蔡果億，2007），可以交通神鬼（妖）或擔任媒介靈界的任務。差別只在後者為外靈所揀選（授予牌照）專門執行靈界所顯付或隱託的任務（一如現實界所有的發言人／情報員／公關／信使／記者等角色在明暗傳達轉繹公私政令或訊息），而前者則較自由可以游走兩界且間為充當雙方的調停者。

至於稱呼，在中土社會古代多以巫覡為名（另有史祝宗卜等變體）（李宗桐，1954；陳夢家，1956；文崇一，1967），現在則改稱乩童、靈乩、尫姨、法師和道士等（後二者得有通靈能力才算數）（董芳苑，1984；鄭志明，1998；黃文博，2000）；而在西方社會向來除了取名為巫或巫師，還有魔法師和薩滿等異稱，並常跟惡魔相

連結（為惡魔所操縱或逕直為惡魔的化身）（Jean-Michel Sallmann，1998；Wolfgang Behringer，2005；Karen Farrington，2007），聲望地位遠遜於中土社會所見的（中土社會的巫覡為官府民社所重，即使偶有遭遇抵拒，也多能重整後再出發而為現實界的一大奇觀（高國藩，1999；林富士，2004；王章偉，2005）。

　　不論是通泛的感靈者還是專業的通靈人，他們的先天後天感應通靈能力都來自外靈的賦予或准式。這種賦予或准式，原則上是外靈運用祂們特殊的變化飛昇縮脹等本事（詳見第二章第四節）對當事人有所交通借助需求而形現被察覺，或者從旁協助給方便包括現身、現聲、現味等天眼通／天耳通／天鼻通以及提供資訊影像和襄助出體遊歷、趨入佛境等他心通／宿命通／天足通／漏盡通等（而不是一般所說的當事人相關官能被打通或當事人有能耐藉修鍊途徑自我啟動感應通靈機制）；否則也不會有許多原來可以感應通靈的人被外靈威脅說要收回或逕自收回該能力（林少雯，2006；向立綱，2007；宇色，2011）、甚至已經在能夠感應通靈行列的人並非每一回都見識通達得到外靈（沈嶸口述、米蘭達撰文，2009；江嘉葉，2013；潘明雪，2013）。這早已不乏見證者（源淼，2007；隨緣，2011；張其錚，2012），還在信疑不定路上的人理當要謹慎對待某些可藉己力練成感知能力的說詞（普拿大　劉，2007；許衡山，2011；高善禪師，2017），從此不再受到迷惑而亂了方寸。

　　倘若說專業的通靈人是被外靈試煉有成而揀選為祂們的媒介（試煉過程往往採取令對方不得不屈服的激烈手段，包括病變、意外事故和百般身心折騰等）（Jane Robert，2011；張開基，1995；如實，2013），那麼通泛的感靈者就是外靈還在試煉中或暫時被排棄的準通靈人（好比現實中受公家機關或私人企業培訓不成或尚期待時機的準發言人／情報員／公關／信使／記者等角色那般）。至如其他

沒有感應通靈能力的人，則是未經外靈測試成為媒介者，而任由他們一逕的絕地天通（就像現實中大多數人還沒有機會或根本沒有機會被揀選或儲備為發言人／情報員／公關／信使／記者等角色那樣）。上述這項分辨，只是為了解決感應通靈如何可能一個奠基性的問題，比較關鍵的還在繼起要透視的相關能力的伸展向度，而這得有細密一點的說明。

所謂「相關能力的伸展向度」，是指通靈人或感應者的中介轉繹可以在多大程度上顯現它的如實性或有效性，以便衡酌裁量它的價位及其存在意義。如果說通靈人的專業轉繹和感應者的通泛轉繹在整個過程會有被反覆糾謬調節的機遇（通靈人的特定傳遞訊息和感應者的不定傳遞訊息總有經過一番外靈二度介入確認與否的差異），那麼他們轉繹的準度或效率就有可能分居前進式光譜的不同位置。如圖所示：

感應者轉繹　　　通靈者轉繹

在中介轉繹的準度或效率上專業的通靈人所以會強過通泛的感應者，主要是因為他經歷了外靈的精選培訓，有一定的智能可以應付相關的轉繹工作。這在古代（以中土社會為例）已有專長拔擢的傳聞：

> 古者民神不雜。民之精爽不攜貳者，而又能齊肅衷正，其智能上下比義，其聖能光遠宣朗，其明能光照之，其聰能聽徹之，如是則明神降之，在男曰覡，在女曰巫。（左丘明，1974：401）

文末的「明神降之」（神來附體），所表示的正是通靈人溝通兩界的

資格已在前述那一量能適才（智聖明聰）考驗中而具備了，而這則常藉舞容、祝禱和符咒等儀式以召請外靈降臨垂示（許慎，1978：203～204；何休，1982：30；陳壽，2018：232）；到了現代通靈人晉身史祝宗卜的習俗已去（不復有居官職及其養成程序），但遺留在民間的仍有坐禁、習術、持咒和訓體等考評流程（林富士，1995；蔡佩如，2001；陳信聰，2001），以確保通靈人媒介身分的穩定性或恆久性。在這種情況下，專業通靈人的中介轉繹似乎足夠稱得上如實或有效了（不必懷疑它的準度或效率）。卻又不然！先別說其他通靈人，就說可能發生的自我通靈人轉繹，在「轉換繹解」或「轉折繹理」的歷程中，早已內蘊了來自各方面的雜音，而使得相關活動充滿著不確定性（詳見第四章第一節）。這一不確定性，會體現在轉繹的不同形式上（包括複誦、撮述和對譯等）。如：

> 神吩咐這一切的話說：「……除了我以外，你不可以有別的神。不可以為自己雕刻偶像……不可殺人。不可姦淫。不可偷盜。不可作假見證陷害人。不可貪戀人的房屋；也不可貪戀人的妻子、僕婢、牛驢，並他一切所有的。」（香港聖經公會，1996：74～75）

> 這一本書裏很多的篇幅，我猜想「有可能」真的就是天機的一部分，因為祂們沒有一個人敢告訴我該怎麼寫，祂們只淡淡的說了以下的這一句話：「那都不是我們告訴你的，是你自己統計出來的理論，所以不能算是我們洩漏了天機……」（伶姬，2005：自序17）

> 波蘭古都克拉科的一個猶太教士，有一天在講道的時候忽然

說，他的通天眼讓他看到兩百哩外的華沙的一個著名教士，就在當時突然過世。這麼厲害的視野讓他的信徒非常折服。不久之後，到華沙旅行的信徒發現，那位被看到已經過世的教士其實活得好好的。信徒回來之後開始質疑教士的通天眼能力，可是教士的徒弟卻如此為教士辯護：「雖然跟事實不符，可是那畢竟是一個了不起的視野！」（Albert O. Hirschman，2002：吳乃德導讀 7）

上述三則約略分別顯出複誦／撮述／對譯等轉繹形式（第三則內隱藏外靈所給訊息卻未明示；而第二則通靈人撮述訊息的作法則可由外靈所發語言推及），看似都在傳遞靈異語言，但第一則有關外靈言說時自身的語氣、姿態、表情和外在環境等可能夾帶甚多額外意義（Julius Fast，1986；Gerard I. Nierenberg 等，1987；Robert L. Whiteside，1988）的成分都被過濾掉了；第二、三則有關外靈言說時的語境誤區和譯解差池等課題（Umberto Eco 等，1997；王建華，2000；周慶華，2009）亟須化解也都被略去不理（馴致有逸格和錯會等情事產生）。這倘若再經過二度或三度轉繹，那麼相互出入的程度恐怕又會高出許多。

　　連專業通靈人的中介轉繹都有這種現象存在，那通泛感應者的可能「心距加大」在中介轉繹上就更沒得指望了。話是這樣說，但我們的合理懷疑心理也不必硬把它強化到絕對不予相容的地步，畢竟靈異語言的中介轉繹已經是必要或既存的事實了，我們當然還有別作定位及其意義賦予的途徑可以考慮。也就是說，姑且相信能夠證驗的部分（即使終極的證驗不可能），其餘則留作參考借鏡或憑空遐想（以為衍情添趣）。而這也使得靈異語言的中介轉繹功能只在程度上顯現強弱的差別相（不再有絕對性一理可以定位它）。如圖所示：

━━━━━━━━━━━━━━━━━━━━━━━━━━▶

轉繹功能弱 　　　 轉繹功能強

在上述前進式的光譜上,起點可能是零功能,越往右伸展有機會越見強功能。而同樣的,在「權為相信」(詳見第二章第三節)的前提下,它的必須存在或高度存在的認知/規範/審美意義仍然是我們藉以思考有關靈異語言諸般連帶課題所不能輕忽的對象。這樣它也就要跟前面規模的靈異語言所涉物質性及其被使用情況的階段性形貌最終構成一個五連式關係圖:

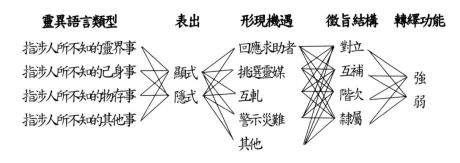

一樣在這個關係圖裏,也是除了可見每一種靈異語言類型都可能有顯隱式表現及其在回應求助者/挑選靈媒/互軋/警示災難/其他的機遇中形現,還能得知每一種靈異語言類型在表現及其形現中有對立/互補/階次/隸屬等多種徵旨結構以及轉繹有強弱功能差異(只是舉例時仍不便廣為觸及)。它們也將留待其他課題中再行逆推或通貫式的連結,議論就此打住。

第四章　靈異語言的表義過程和訊息交流

第一節　靈異語言的發訊和收訊模式

　　從確立「靈異語言的基本認知」後冒起或統攝相關「靈異語言的物質性及其被使用情況」眾課題，所有討論顯然還不足以盡括靈異語言的理解所需，而得再擴及其他分衍性或更進層性的面向。理由是那些討論約略都侷限在表面可察覺的層次，對於內裏靈異語言所已發生或正在發生介入調停或深化機制的動向及其約束力一概未曾涉及，而有待繼續予以必要或連帶的掀揭。

　　當中一個稍微淺近的介入調停動向是「靈異語言的表義過程和訊息交流」系列。它相對現實中符號學的整飭形貌（可從符號學的角度來看待它）而有著自我能被藉機發露的實質中介條件，儼然以關節或係聯前面的語用情境和後續將要推出的心理／社會／文化背景此一居間調停者姿態存在。換句話說，靈異語言的語用情境是明陳的，而靈異語言的心理／社會／文化背景是暗藏的，想要溝通兩端，所依賴的就是有關「靈異語言的表義過程和訊息交流」系列的居間調停功能。這種調停（調節停候）是法則性或規制化的，只要有明暗兩端的靈異語言關連物事存在，就缺少不了它要在理路上起中介綰結的作用（不同於言說此一物質性的中介轉繹）。而這可以再劃分「靈異語言的發訊和收訊模式」、「靈異語言的純粹或混合演出趨向」、「靈異語言的慣使或選創途徑」和「靈異語言的認知規範審美驅策」等細項來綜提它的聯遍个性（非單一面向），此地也依次先談論「靈異語言的發訊和收訊模式」理則。

　　整體上，靈異語言也是一個訊息交流系統（跟現實語言所構成訊息交流系統的差別在於它跨越了兩界），而此系統必然也有它的表

義過程，從而構成一種可以被歸結和衍展的發訊／收訊模式。也就是說，靈異語言的發出是為了被接收而自成一個訊息交流系統，而發出本身乃有一特定的表義過程（才可被發掘掌握內蘊的訊息），二者相包裹後理當會出現某種具學術意涵的理論模式（足以據為演繹其他的課題）。只不過這種模式在現實學問首發的討論中，已經高度複雜化（包括出現諸如「拉斯威爾公式」、「商農和偉佛／奧斯古和施蘭姆／丹斯模式」、「葛布納的一般性傳播模式」、「紐康的 ABX 模式／其他的均衡模式及共同取向」、「魏斯里和麥克林的傳播研究概念模式」、「馬雷茨克的大眾傳播過程模式」和「由選擇到傳送的儀式和注意模式」等相左觀點的傳播體系論說在內）（Denis McQuail 等，1996），恐怕不太合適藉來探勘還在試為溝通兩界且相對上較為素樸的靈異語言的發訊／收訊狀況。但也不無有可借鏡的地方：就是某些理論分疏仍然要進到裏面才能討著活計（縱使只見所取用概念相通也算數）。證驗如下：

　　第一是靈異語言的運作有一發訊／收訊的正反向情境制約。它最基本的形式為「神鬼（妖）編碼發出→訊息←人接收解碼」；但這很難比照現實界如論者所想望的可以在共遵一套語言規則的前提下完成兩相密合的程序（Tim O'Sullivan 等，1997：361～362；古添洪，1984：97～98），它毋寧要保留因轉繹所遺留的彈性空間（詳見第三章第四節）而容許有半出離／全出離甚至相背反等現象。這樣相關靈異語言的發訊／收訊就勢必難以排除內外雜音的干擾（詳後）而自動減弱該形式的純粹性或獨立性，使得所謂的模式就無法在此停格（也就是還要添加成分才行）。好比有個例子所暗示的：

　　　　「什麼叫不禮貌！這是你這個後輩應該有的態度嗎？」他（某某王爺）的火藥味愈來愈重了。「如果你還是這種態度，

我就把你的能力收回來！」……聽到這，小相連忙跳出來打
圓場，他認為我太不尊重「仙佛」了。「是你說的喔！你不要
後悔，我們要收回你的能力！」那位某某神透過小相轉達訊
息說道。（宇色，2011：122～123）

很明顯這裏外靈發出了一個「威脅收回通靈能力」的訊息，緊接著
接收人岔出將它轉繹成具絕對權威（其實不然，詳後）而後妥協不
表（這從書同頁末所綴上一段自我辯解的話「這條路上的果實非常
誘人，稍有不慎，就容易陷入自己所設的迷沼當中」可以推知接收
人為了保有通靈能力而屈服於該權威）。這種反應，已經有了心理易
變，並非單純在看待那一訊息的傳知效果。而更可觀的是，發訊的
外靈遭受激怒所流露的蠻橫氣勢，以及祂僅是單體卻自我膨脹能耐
的可鄙樣（接收人既然是整個靈隊揀選共推的媒介者，就不可能不
經由合議程序而奪去他的通靈能力，顯見那是無謂的威嚇），同時最
內核的啟靈機制一併始終被諱莫如深著（外靈原先如何讓人有通靈
能力這個關要一直未具體言宣），無不造成那一訊息不再是中性或有
先驗期待值的編碼所致。這些都是潛在的雜音，會在相當程度上干
擾著訊息純然或順適的傳達和領受（也就是將上述攸關心理／社會
的因素加總會讓「收回通靈能力」此項訊息顯得漂浮不定，因而影
響著兩造對訊息本身定位和認取的實效性。
　　第二是靈異語言發訊／收訊除了要在特定時段完成，它還得藉
由一個有效的傳播管道，使得上述「神鬼（妖）編碼發出→訊息←
人接收解碼」的形式塑造不足夠表顯理則性，而必須再增添一個環
節，只是所增添的諸如口述／書誌／物示等一類可能的傳播管通（到
了加工階段還會進展到動用錄製／影視／網路等途徑），在實際的形
現中也不會僅僅是一個媒介而已，它依然有同樣或異樣雜音環繞著，

導致所增添的環節還要額外多加成分(傳播管道為所該增添的環節,這已是理有必然,乃屬於不必費心多想就可以認可接受的事);但關於得額外多加成分此項,就不是一般人所能想像。好比有三個例子所徵候的:

> 史威登堡對不願承認自己已死的國王說:「陛下啊!您現在已經不是待在人世,而是在靈界中了……」就算聽了這樣的解釋,國王還是拚命搖頭否認:「你說什麼鬼話!我明明就活著!我以前跟現在根本沒分別!我說我還活著!」(史威登堡研究會編著,2010:70)

> 不等她開口詢問,濟公老師馬上就在桌上寫道:「金錢之事不必煩惱,汝今年本有失財之厄,他人拖累之金錢,年底自然可順利追回。生意雖小,努力作為,老師自會從中協助,偏財非分,不可妄想。」(蔡州隆,2013:75)

> 孫:「1976年的時候,有一天,我在田間勞動,突然看到遠處天上飛來了兩條龍。」吳:「飛來兩條龍?」孫:「不只我一個人看到,大家都看到了……哇,那兩條龍既漂亮又嚇人!」……吳:「不是雲吧?」孫:「不是雲!那兩條龍就張著個大嘴似的噴水。」(吳美雲採訪,2016:34)

這三個例子分別以「口述」訴說外靈對自己已經死亡的疑惑、「書誌」外靈所給人發財的承諾和「物示」外靈(龍神)噴水降雨(類靈異語言)等,所見的傳播管道確是斑斑可考。但在那看似或直捷或轉

折或借喻的據形傳意過程中，卻悄然隱匿著企圖壟斷發言權／招徠他者信服／給證傳說是真等相關心理／社會因緣，以至別為預留一個可安置歧變數大的雜音空間也就勢在必行了。

　　第三是靈異語言既然得經由一定的傳播管道進行發訊／收訊，那麼相對的也會有反饋迴路在當中穿梭著，而不可免除要在已添加過傳播管道的形式上再衍增一個環節。它一方面蘊涵著神鬼（妖）多少都會揣想人所可能的反應而調整發訊的策略；另一方面更蘊涵著人實質的反應有未出離／半出離／全出離等多元形態（見前），致使一個反饋迴路有必要在神鬼（妖）／人兩端緊相牽繫著。如果說傳播管道的媒介性不只是各種資訊條件（或設備）的累加，而還得受到傳播學者所指出的「將我們在社會經驗世界中的技術面和意義面同時媒合中介；透過技術和意義的中介，個別的媒體裝置和編制才成為可能，技術也才能和意義、論述、解釋等相接觸，而成為指向社會實踐的結構性場域」（吉見俊哉，2009：2～3）此一特定社會場域的制約，那麼有關反饋迴路的存在也沒理由不比照看待而許以它仍舊有著隱性內外在因素的糾葛纏礙，從此必須再向雜音端佔一成分。好比有個例子所透顯的：

　　　　在一次公開的活動中，我跟一位女性觀眾的已逝先生說話，為他傳遞訊息。從眼角餘光，我察覺到一個男子的靈魂，我知道他是這位女士已過世的父親。他站在角落，雙手抱胸，看著我。我用精神感應的方式跟他打招呼。他說：「我為什麼現在要跟你溝通？我活著的時候並不相信這些。」（James Van Praagh，2017：86）

像這種人想要回應卻不被外靈所期待的另類背反情事（南轅北轍現

象），恰可藉為推知正宗背反的類同性，進而襯托到另外不相干（全
出離）和半不相干（半出離）等兩種現象的無從避趨性。即使回應
相干了（未出離），也有可能在後續的「討價還價」（Michael Newton，
2003；許麗玲，2008；蘇家綿，2014）中頓失它的崇高性，而重演
一齣資訊交流脫序的漂浮劇碼。

　　第四是靈異語言的資訊交流在由雜音干擾攏總統合發訊／收訊
雙方以及必要的傳播管道和反饋迴路等項目後，還有一個帶終極性
的「雜音的雜音性」附屬需要處理。這是項內成分的增衍課題，於
理本就得有此一更高位階的後設看待方式。只不過一般（特指傳播
理論或訊息理論）僅將雜音限定在表層會直接干擾訊息傳遞的「機
械式噪音」和「語意噪音」等（Tim O' Sullivan 等，1997：262～263），
而不察還有更具影響力的意識形態、道德信念、審美能力和權力意
志等先後備經驗差異（周慶華，2009；2011C；2016a）有待條陳優
為補入。這是說後者才是一切資訊交流所見衝突／矛盾等種種不協
調現象的根源（其他由傳播管道發出的機械噪音和訊息承載不明確
的語意噪音等都能夠透過技術的改良而予以克服），一般所認可的噪
音和前面所加敘例屬中段的心理／社會因素等全比不上它的決定性
的制約作用，大概任誰也無法給出有效的仲裁！對於這一特別深入
內隱的雜音，在此地只能先行提點備列，詳細討論還得等到後續相
關章節再換個方式進行（屆時將只就它的質性申衍布論而不會重複
提及雜音干擾一類的課題，讀者當能自我連結）。

　　把上述所牽連訊息交接雙方、傳播管道、反饋迴路和干擾因素
（雜音）等項目都計入後，有關資訊交流的系統化才正式有了著落。
而為了方便看出各細項彼此間的關係，還可以畫圖將它們整合在一
起：

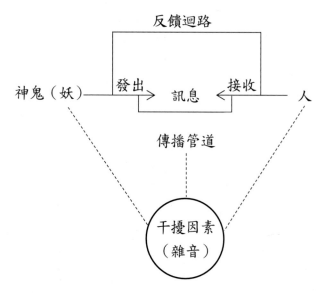

圖中干擾因素（雜音）部分不採線條而改以圖形標示，代表它的實際類目可無限增列。至於關涉所向的原也應相繫到反饋迴路項，只因受限於圖非立體稍欠達意，僅能以虛線布列表示它會依理「中穿過去」。而不論如何，一個專屬於靈異語言的發訊／收訊模式，就在上面的圖示煥發光彩且足夠你我無盡想像了。

第二節　靈異語言的純粹或混合演出趨向

比起資訊交流模式的合體顯能，表義過程此一較偏單方進趨的奠基意涵會更容易理解；同時它在理論面上的必要被前者所包裹（實際面上可能先有表義過程的發掘而後才歸結出整體性的資訊交流模式），也預告了予以反時序而延後討論會有「以大窺小」或「一點就靈」的順當性。靈異語言的符號學關照，依據這種議論程序顯然甚為方便且又多能凸出要點連結。換句話說，靈異語言的表義過程主要是在它那資訊交流模式的發訊端完成的，一旦釐清了整個模式狀況，自然更能緊接著找出或限定該表義過程的理論位置而加以妥當的論述。現在準備談片的「靈異語言的純粹或混合演出趨向」這個課題，就是如此擇目順適不過而現起的。

相對上，「靈異語言的純粹或混合演出趨向」是在發訊的歷程見義的，它的終點是訊息；而訊息是從發訊者傳遞到收訊者的編碼內容（Peter Brooker，2003：242～243），也是一般所謂知識的基本單位（知識有真／善／美等不同質性，詳見第二章第三節），以至「靈異語言的純粹或混合演出趨向」就成了走向訊息顯現知識義的一道程序，這道程序會因心理／社會／文化等衍異緣故而有不同的變化，包括發訊形式策略的差異及其成就發訊傳意類型的分化等。此地一樣先從它的理則性本身著眼（有關背後所涉心理／社會／文化等衍異因緣理則留待後續章節再行討論），詳為分述實際的演出情況。首先在發訊形式策略的差異部分：

第一，當靈異語言的發訊形式為道地語言時，它所選擇的策略就是純粹趨向的。這種不雜染其他成分以免耽誤或曲引訊息傳達的情況，可說佔量最多；而它也自成一種圖形理式：

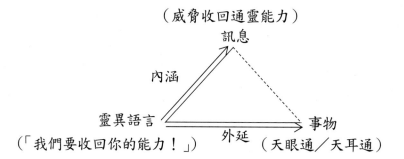

此圖形理式仿自傳統語義學的語義三角形（為符號學所收編），並代入前節所引過案例內的語句。從圖中可知訊息倘若要顯示威脅收回天眼通／天耳通一類通靈能力，就必須選定相關的靈異語言來表達；而靈異語言一旦被選定了，它就有內涵和外延等名目可以指稱（當中外延可涵蓋具存事物和虛擬事物等；此外圖中所連兩端事項為實線的代表直接的關係，所連兩端事項為虛線的代表間接的關係）。這種發訊形式策略由於是純粹語言趨向的，所以它的清晰化自有高比例可以期待（只有在它另擇隱性的表現後才會開始變得模糊化。參見第三章第一節）。

　　第二，當靈異語言的發訊形式不盡為道地語言而別有類語言（如第三章第一節所舉出的器物／動作／影像／令牌等屬入時，它所選擇的策略就是混合趨向的。這種雜染其他成分可能耽誤或曲引訊息的傳達情況，佔量雖然不比前者卻也不少；而它也在自成一種圖形理式後多了「減弱」訊息一個附帶條件：

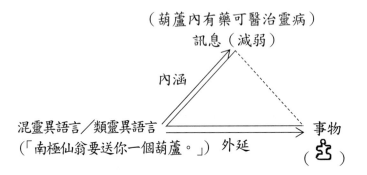

圖中所代入的是第三章第一節所引過案例內的語句。它在部件配置上跟前者相似,只緣於多出部分類語言而使得它的訊息傳知功能自動降低(既不了那葫蘆裏究竟裝了什麼藥,又不解該藥可以醫治何種靈病)。這種發訊形式策略因為是混合語言趨向的,以至它的轉模糊化就成了它能否被接受的一大考驗。其次在成就發訊傳意類型的分化部分:

第一,靈異語言的表義,在道地語言方面跟一般的修辭技藝相似,不外有直敘、比喻和象徵等三種方式(直敘是直陳明示;比喻是借彼喻此,又有明喻/隱喻/換喻/借喻/諷喻等次方式;象徵是借象徵候,又有特定象徵/普遍象徵等)(Giambattista Vico,1997;Hayden White,1999;黃慶萱,1984;沈謙,1985)。這三種方式合而成了靈異語言的發訊傳意類型,整體定位則是在純粹語言趨向的發訊形式策略中深繫。如圖所示:

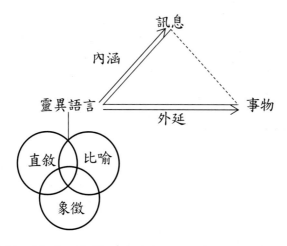

　　圖中直敘／比喻／象徵互有交集，乃彼此分不清楚時所造成的（分得清楚就不交集），這在設例上可以存而不論。至於靈異語言發訊的清晰度會隨著比喻／象徵的晉用而遞減（舉證已見於第三章第一節），這是隱式表現另有傳知以外其他事項的考量，後續章節當有機會涉及，此地就暫不岔出多議。

　　第二，靈異語言的表義，在不盡為道地語言而別有類語言羼入方面，單變項會顯現於象徵方式此一特定範域。也就是說，所可能混合的器物／動作／影像／令牌等類靈異語言（見前），既不是在直敘也無可援作比喻，只能用來象徵，從而變成象徵範域的構成物（象）。這也使得靈異語言的發訊傳意有了另一種類型，而整體定位則是在衍變為混合類語言趨向的發訊形式策略中另繫。如圖所示：

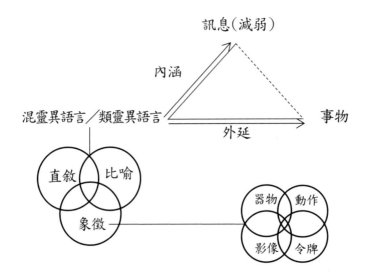

倹若說前圖中顯示有直敘性純粹靈異語言／比喻性純粹靈異語言／象徵性純粹靈異語言等，那麼此圖中顯示的就有象徵性器物類靈異語言／象徵性動作類靈異語言／象徵性影像類靈異語言／象徵性令牌類靈異語言等。當中不盡圖繪的（如有超出上述四種類靈異語言範圍的就得再增列）和互有交集的（上述四種類靈異語言彼此分不清楚部分）以及相關發訊從此轉模糊化的等問題，一樣也都可以連帶想及，並歸諸例同前類，同時仿隱式表現別為加碼而延後再行追究。

　　縱是如此，清晰的發訊會轉為模糊，而模糊的發訊也可能轉為接近清晰（只要發訊者察覺困境所在而設法予以改進），馴致上述二種類型又可以有互涉關係。圖示如下：

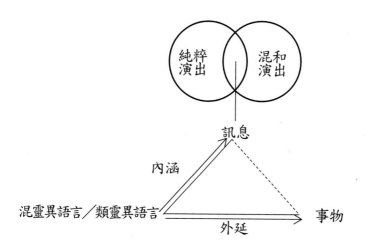

圖上方為了簡便採用兩圓形：它們交會的地方就是不論靈異語言或類靈異語言都能夠據為傳遞訊息（而不必擔心會減弱功能或降低效率）。這應是比較「理想」的狀態，但實情卻是可遇不可求（所以就不好稱它或許它為第三種類型）。

　　話說回來，因為有雜音的存在（詳見前節），致使「靈異語言的純粹或混合演出趨向」無法如上述那樣自足；它毋寧要在多方衡酌後才能確立一己的價位及其可被接受程度。縱然如此，這個概念架構的部署依舊備妥了便利檢索或藉為覷見關係網絡的意義，頗有「非它不可」或「去除便虧」的存在價值，儘管信賴無妨。

第三節　靈異語言的慣使或選創途徑

表義過程在資訊交流系統發訊端所完成「靈異語言的純粹或混合演出趨向」是歷程義的，此外還有一個專屬於開啟義要再從理論上被涵攝來窺看討論的，就是「靈異語言的慣使或選創途徑」（這在實際上原也可能先行存在，而後才進入被蒐羅整敕的行列），有關靈異語言的符號學觀照自然也不宜輕易略過它。

這關係著流體靈異語言的慣使或選創，在符號學視野裏要由表義過程的「規範起始」此一環節來保障它的合法性（合理性得在具體搬演中看它的成效如何來給予判斷）。換句話說，只要沒規範表義過程要有一個起始點，這個議題就無從成立；而現在依理限定它的存在了，相關的討論就不好擅自脫略或故意視而不見。而相似的，這也是一種理則性的照看，目的是為靈異語言的資訊交流範疇再次奠礎築基（從而使「靈異語言的慣使或選創途徑」成為走向訊息顯現知識義的另一道程序）。

總體上由於有純靈異語言／類靈異語言兩個選項，所以攸關對它們的抉擇途徑就可以有不同的考量。而這約略能夠區分慣使和選創等各自對應性向度，並且在同一個理則範限下分衍實施。這個理則，藉符號學的觀念來說，就是表義二軸制式化。原來符號學收編了結構語言學的講法，認定語言表義有水平軸和垂直軸的分野交涉（Ferdinand de Saussure，1980；Terence Hawkes，1988；Jan M. Broekman，2003）。如圖所示：

當中水平軸為實際詞句組織所呈現具體的「語序結構」；而垂直軸則為隱身在背後由語音／語詞／語法等所構成抽象的「語言系譜」（所以改以虛線表示），二者共同決定或制約著任何話語的表出（也就是有此表義二軸才使得一切話語運作成為可能）。這更精確的表述，則是到了文學結構主義的組合／選擇對列觀（Terry Eagleton，1987；Douwe Fokkema 等，1987；Robert Scholes，1992）。如圖所示：

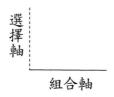

這從最基本語言表述時出現的語序結構所會牽涉語音／語詞／語法等成分都來自抽象的語言系譜（此地只取它的表義二軸觀，而不贊同它另有語言無所指涉此一否定傳統語義學所列外延義的獨斷作法，畢竟彼此都在創設語言規範，不能硬要「以我律彼」而讓對方「無地自容」），到一切超流俗的文學技藝組合全緣於相關範型的先行存在可以選擇，不啻活脫的說中或框限了所有語言（包括靈異語言）

的展演情況。因此，想要知道靈異語言是怎樣被規範起始的，藉由此理則無異特能找著當中的訣竅。

關於這一區塊，不妨從幾個方面來說：第一是靈異語言的慣使途徑乃將來源遮蔽後看待的，它的慣常使用性不疑會有異見來攪擾；而靈異語言的選創途徑則反將來源開啟（自我曝露）後而覷實的，它的選定創新性或許會有他說來評騭。但不管如何，它們都得面對一個所慣使或所選創的對象（靈異語言或類靈異語言）究竟是怎麼可能的問題。這項追探的基準在於：它們得有被慣使或被選創的條件，而後才會發生實際慣使或選創的行動（終於造成有「慣使或選創途徑」這一事實）。那麼該一條件又在那裏？這就得回到最初設立的一個情境，就是靈異現象所伴隨性語言人為的權宜性分疏（詳見第一章第一節）。一般所說的現象，大約有觀念論式的（跟本體相對的事物的表相）、現象主義式的（人所能意識或經驗的對象）和現象學式的（意識作用本身）等三種說法（Walter M. Brugger 編著，1989：63；趙雅博，1979：311；周慶華，2004：94～96）。而這加了靈異此一限制詞後，對於前面所提及的靈現異象／感靈駭異／神靈怪異等指稱的分立（詳見第一章第一節），自然就可以比較清楚它們在供知上的特殊作用。也就是說，所稱呼的「靈現異象」的現象，約略就是觀念論式的；所稱呼的「感靈駭異」的現象，約略就是現象主義式的；所稱呼的「神靈怪異」的現象，約略就是現象學式的。這麼一來，有關靈異現象的現象性，就必須從新設定它是由靈現異象所顯現的「異象」、感靈駭異所透露的「感駭」和神靈怪異所意識貫串的「神怪」等組成的，並且得分別經過人的描述、體驗和定位等而俱在化（周慶華，2006a：232～236）。這樣連結上伴隨性的靈異語言，所謂的條件說也就開始要浮出它的樣貌了。且看底下三個例子：

臺北縣汐止市幸龍宮廣澤尊王昨天「大喜」，娶的是廣澤尊王的信仰發源地福建泉州南安縣的同鄉「原配」妙應仙妃；迎親隊伍都是六、七十歲的廟公，又是擲筊杯，又是下聘禮，熱熱鬧鬧地幫神明迎娶另一半……昨天到廟裏「喝喜酒」的民眾，紛紛問尊王「看到妻子了嗎？」廟方人員都表示：神明看到了很高興，「新娘」也很高興，才擲筊杯就聖杯。（張祐齊報導，2005）

美國前總統柯林頓在平裝本的回憶錄《我的人生》中加頭添尾，提及打書過程遭遇的精采片段，以及他動心臟血管繞道手術時因為麻醉的緣故看到了許多像戴著死亡面具的黑臉向他飛來……（鍾玉玨報導，2005）

1985 年 2 月誕生於西班牙的小男孩宇色，在一歲多時，經達賴喇嘛尊者認證，證實為耶喜喇嘛的轉世……（耶喜喇嘛的弟子梭巴仁波切）有一個夢非常生動清楚，在夢中「耶喜喇嘛宣布祂將轉世到另一個人身上。因為耶喜喇嘛聽見祂的弟子們在對祂祈求、哭喊著，他們需要祂的引導，所以祂無法無視於他們悲慘的情況」……（丘印報導，2000）

這些歷經人描述的靈現異象（指第一則的神明娶妻事件）、體驗的感靈駭異（指第二則的在柯林頓本人來說的遇見死神情況）和定位的神靈怪異（指第三則的旁人所可以一般肯認喇嘛投胎轉世的形式）等靈異現象，不啻就是最實際也最切近人所需要儲備的靈異經驗。只不過裏頭所伴隨的語言（包括靈異語言和類靈異語言），卻又要怎

麼去理解它們的可能性？這大概得藉上述結構語言學和文學結構主義的綜合體圖式來說明，才有辦法深入內部找到答案：

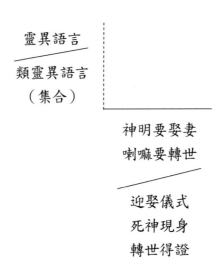

靈異語言
————————
類靈異語言
（集合）

神明要娶妻
喇嘛要轉世
————————
迎娶儀式
死神現身
轉世得證

當中廣澤尊王託夢給人說祂要娶妻（轉述）和耶喜喇嘛宣布將轉世到另一個人身上（轉述）等是靈異語言，而迎娶儀式、死神現身和轉世得證等是類靈異語言。它們很顯然是分別從靈異語言可能的集合和類靈異語言可能的集合中挑選所需成分構成的（否則很難理解它們的憑空冒出性），而這依推測不是透過選創就是經由慣使。在進一步判斷前先來釐清到底是什麼因素在間介控勒著各自途徑的必要衍化一個課題。這有相當程度關係著上述所謂條件的存在，相關的設想要反轉緊跟上去：也就是慣使一途的，大多被歸由感靈駭異和神靈怪異所伴隨性語言的情況，因為在對它們有所「體驗」和「定位」的當下必然是先有相應經驗才知所如此許以語例；而選創一途的，則大多被歸由靈現異象所伴隨性語言的情況，因為在對它有所「描述」的當下，不必然是先有相應經驗才知所如此許以語例（它

也可能是全新發生的，要描述它還得費心摹擬一番）。所以上述案例中的語言慣使／選創狀況，也就可以據此條例依便給予判分了（當中迎娶儀式／死神現身／轉世得證等類靈異語言所隱含外靈感受的部分，乃一式的屬個體選創展示，馴致得如上述圖式那樣切割處理／切割處理後的都要從新將它們全歸入靈現異象範圍）。

　　第二是就在這一人要有所權為區隔靈異現象的諸般現象性中保障了靈異語言的慣使途徑和選創途徑的分殊，致使相關的後設判定還會延伸出去對所能想及慣使／選創途徑「究竟如何」的釋繹。當中關於慣使的靈異語言，最常見於神／佛／道／靈／靈界等對象。這些對象也經常處於一種被虛擬象徵化或相左互戾化或叢脞複雜化的情境中（詳見第二章第四節），造成原是慣使的卻又不知來處（不論使用者或研判者都無力交代），最後就任由它繼續被「莫名其妙」的慣使下去。縱是如此，它的理則性是有可說的。就以前述的圖式為例，它的理則性約略是：

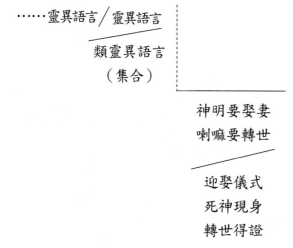

……靈異語言／靈異語言

　　類靈異語言

　　（集合）

神明要娶妻
喇嘛要轉世

迎娶儀式
死神現身
轉世得證

這是說靈異語言前還有靈異語言，不盡能測得源頭所在（前面所說的「將來源遮蔽」實相在此／根本不知來源所在）。至於選創的靈異語言，仍以前述的圖式為例，它的理則性也約略是：

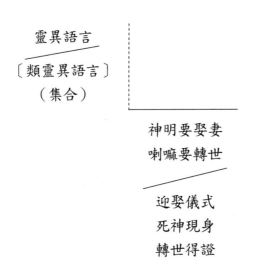

這是說在組合軸上所見的靈異語言（包括類靈異語言）都為發訊者個別或集體所選創，無法從選擇軸去追究來源（它就是源頭），如上述的圖例，加括號表示內裏是虛的，只存類靈異語言的空概念在相對列。

　　第三是所有靈異語言不是依定例慣使，就是依非定例選創，兩種途徑的差別也自有雜音騰繞，使得從組合軸到選擇軸的通道不會是所可能想像的那麼順暢，它毋寧仍有心理／社會／文化等多重因素在阻礙著。好比上述神明要娶妻／喇嘛要轉世等靈異語言的組合，就有特定文化背景在制約（分別為氣化觀型文化／緣起觀型文化所屬區域方有此類現象），幾乎不會易地重演；而死神現身驚炫或恐嚇人這一類靈異語言的運用，也不是普遍社會都可以見識（它乃創造

觀型文化統攝下的社會才常出現這種戲碼），這些都會牽延鬆動靈異語言慣使／選創途徑的理則性，不再那麼絕對化。但這僅侷限於軸中有無缺項的判定，還不致於搖撼整體的格局，所以備著一樣無損它的價值，其餘就留後視需要再行分辨取證。

　　此外，另有看似靈界所選創而為現實界外發的靈異語言和實為現實界為溝通靈界而選創的仿靈異語言等（詳見第二章第四節），它們在外靈未曾正式給予明示認可前，最好都持保留態度；而一旦外靈有正式給予明示認可後，就無妨對照上面所說的理則性去衡量鑒裁。至於本節所討論的很明顯屬臆測限定的成分居多（不像前兩節所提及的發訊／收訊模式和純粹／混合演出趨向等多有表面現象可以據為斷定實質），導致它在聊備一格上如果有「略顯委屈」的話，那麼也得由曠觀視角來予以包容，讓它不致無謂流失「一併搏成」靈異語言學理論的色彩。

第四節　靈異語言的認知規範審美驅策

　　相對資訊交流系統發訊端所完成歷程義的「靈異語言的純粹或混合演出趨向」和開啟義的「靈異語言的慣使或選創途徑」等項，「靈異語言的認知規範審美驅策」項則有著總收意態而由訊息本身一窺它的終點義。此終點義在列名上為後出，實則是最先存在的（乃靈異語言所純粹或混合演出及其所慣使或選創的依據。詳後），以至從呼應「靈異語言的發訊和收訊模式」以及繼「靈異語言的純粹或混合演出趨向」和「靈異語言的慣使或選創途徑」後必要再行一談「靈異語言的認知規範審美驅策」的理則性（以為收束）。

　　這一理則性，依便要從訊息的訊息性說起。本章第二節曾經說過「訊息是發訊者傳遞到收訊者的編碼內容，也是一般所謂知識的基本單位」，因此在概略上或簡理上訊息就是知識（王治河主編，2004：673）。知識的定性，經常被強調它是一個自然存有。這個自然存有，又被認為可以透過合理支持而使它成為真的信念（朱建民，2003：135～137）。這種信念，無異表徵了主體對客體的意識的佔有。因此，從認識的角度來說，知識是「一個被認識事物的意識的佔有，並以它為不同於自己的」（趙雅博，1979：72）。在此一被論者所模塑稱許的界定中，蘊涵了「一切的知識肯定認識主體和被認識客體的相異」、「一切的知識都是由認識主體對被認識客體的生命佔有」和「一切的知識都推定一個意識的開始」等三個知識的特徵（趙雅博，1979：72～75）。雖然如此，是否真有自然存有作為客體來保障知識的存在性，卻成了懷疑論和知識論兩個領域中人相互爭辯的對象（Stephen C. Hetherington，2002）。當中持知識論立場的人，不外有以「不以理會」和「極力反駁」等兩種態度在對待懷疑論者的懷疑論調（趙雅博，1979：254～255；黃慶明，1991：4）。這究竟有沒有護住知

識的客觀地位？據我看還是沒有！理由是知識論在提出一個證成知識的程序時，還得有另一個證成來保證；依此類推，勢必導致知識的證成無限延後困境。它的解決辦法，不是用這種方式跟懷疑論硬槓，而是從根本上回返對知識是「人所創設」的自覺上來應變；它的權宜安置符碼或斷言長短，可以預存假設而為他人所檢證認同，卻無法要求它有什麼絕對性或客觀性作為辨認的標記。於是像邏輯實證論所要縮小知識的範圍而堅決主張的「只有在經驗上可以檢證的語句才有認知意義」（Alfred J. Ayer，1987），就幾近「無稽之談」！裏頭它的盲視不僅是「為何有意義的事物應該侷限於經驗上可以檢證的？這在文化史上從來就是行不通的。這種限制原則將來也無法大行其道。實證論者所謂的檢證，是構成意義的可能條件之一；但它並非唯一的可能條件」（Louis Dupré，1996：64～65）這類言說所啫議的過度獨斷，還有連邏輯實證論所會用到的每一個詞語也是先有人創設才有後續約定俗成的使用（邏輯實證論不能在這些約定用法以外別作檢證）也沒有獲得絲毫的察覺。

　　從上述這一點來看，知識就是創設使它可能的；原先被認為的自然存有，其實也都是心理存有／社會存有／文化存有（周慶華，2007b：52～54；2011b：127～132）。只不過為了區別類例及其有助於建立理論體系，不得不權將某些對象歸為「貌似客觀」的自然存有，以便相關的論說可以順當的進行下去。也因此，知識的符號形式（為符號學所無礙收編）就有了被廣狹二義分殊的空間。前者（指廣義的知識），乃指客體在主體裏任何意向的內在存有；後者（指狹義的知識），則並不指純粹的想像或思考而是真實且確切的判斷（Walter M. Brugger 編著，1989：298）。當中狹義的知識所顯現的判斷形式最常被援用，而以佔有「概念→命題→演繹」整套邏輯規律為它的特色所在（周慶華，2007b：55～56；2011b：25～27）。至

於進一步有關知識形態的人為摹擬,則到了認和/規範/審美等三種類型的確立。也就是說,知識有認取型的、範鑄型的和審鑑型的等權作區劃(姑且就以認知/規範/審美等詞彙稱呼而總攝為真/善/美等條目)。它們還為了因應(或再推出)兩種真理觀的物質性兼精神性設想:一為論理真理或外延真理或邏輯真理(指名和實相符);一為本體真理或內容真理或存有真理(指實和名相符)(曾仰如,1985:64~69;牟宗三,1986:20;黃慶明,1991:130~131)。前者有真假對錯可辨;後者有善惡好壞和妍媸優劣可評。由於彼此都有實(事物)/名(論說)的交纏限定,以至它們的兼物質性和精神性的跨域意義(可過渡到比較深層的精神性領域)就一併顯露了出來。

　　這在靈異語言所發出的訊息上,也同樣蘊涵有此三類知識形態(只是它的跨界特性經由掀揭後足以成為最新認知的範疇/道德昇華的憑藉/豐富審美的資源等效應期許而不再停留在現實知識層次的同構蕪義裏。詳見第一章第一節),致使「訊息傳知功能」或「訊息顯現知識義」此一詞語的採用(詳見本章第二節)從此有了它的正當性。例子如:

> 兩人剛坐下來沒多久,一位年輕男性便在室內顯靈,並對其中一個女人做出道歉的動作。「這位年輕男子要我告訴你,他很抱歉他離開了你,可是他的時候候到了。」我試著吸引那個女人的注意,但她只是凝視窗外。(George Anderson 等,2017:144)

> 孫:其實祂飛過來時也是一種聲音,就咻的坐到我跟前。我是邊看著祂邊跟祂對話……我說:「你幫我什麼?」祂說:「我

來教你。」我問祂：「你有什麼本事教我，你到底是什麼人？」
於是祂就說起為什麼要來幫我，我是什麼樣的人，說了一大
堆。祂一說，我就覺得祂怎麼這麼了解我。（吳美雲採訪，2016：
78）

「這神社（熱田神宮）怎麼樣？」前夫問了我的感想。我說：
「難得有機會來一趟，我卻什麼都沒感覺到。」就在那瞬間，
天空中突然出現一把好大的劍。「啊！有劍！」我叫了出來，
但前夫並沒有看到。這把劍不是日本刀，而是古代的劍，且
非常巨大。（櫻井識子，2017：83～84）

上引各靈異語言／類靈異語言所傳遞的「命有定數」、「外靈教人特
異功能」和「神社顯示威嚴仰止處」等訊息，就分別體現了可認取
的知識、乃範鑄的知識和屬審鑑的知識等知識類型（按：第三則的
神社所專屬神劍條地秀出此一類靈異語言，象徵著神社自有超常的
崇高性或宏偉性可以領受而暗示當事人不必懷疑，不啻提供了一種
洵美式的知識）。這麼一來，訊息／知識的存有性，就得在表義理式
的圖形（詳見本章第二節）中連帶標出：

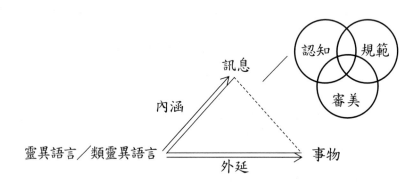

圖中標出的認知／規範／審美等知識形態所以會讓它們相互交集，乃因為彼此常有劃分不清的情況而影響到各自的獨立性（如上述神劍倏地秀出情節，既可顯明供人感受趣味，又可隱約促人知曉神社存在不為無謂和領悟它在斬妖除魔一類德業上的威攝力等，莫不同時兼具三種知識內涵），以至這般備著總方便彰顯知識間難免的彈性關係。

　　即使如此，當訊息進入動態實演後，它的認知／規範／審美等取向會一轉變成驅策的力量，而在表義二軸的選擇軸上先行佔定位置（不只是逕於組合軸上如是顯示罷了）。換句話說，靈異語言（包括類靈異語言）的選擇意向倘若沒有要傳遞認知／規範／審美等知識訊息（不論操靈異語言者是否自覺），那麼也不可能會在相關的組合行動中呈現出該內涵（否則就僅僅是無謂的吶喊或囈語）。因此，它在靈異語言的表義過程就得跟選擇軸上既有的成分並列而構成自我初度的理則性。如圖所示：

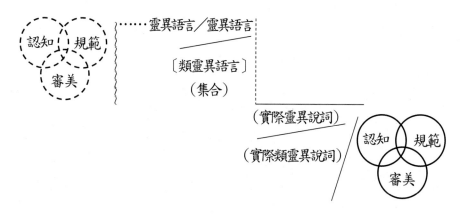

靈異語言的認知／規範／審美驅策還在選擇軸上時是隱性的，所以圈劃只得用虛線表示；而一旦驅策完成到了組合軸上就是顯性的，致使區劃必然要改用實線表示。而這進一步的框限，則是有關認知／規範／審美驅策功能的判給。也就是說，靈異語言所要傳遞的認知性知識／規範性知識／審美性知識等不一定能夠如實展現，而有驅策功能的加減價碼此一關係自我二度的理則性等著附屬。好比「命有定數」這類靈異語言所傳遞的認知性知識（見前），向來有所謂「生死簿」載名而為靈界冥官或庫官掌管的實事（吳柄松，2003；連銀三，2004；欒保羣，2013b）當作前提，暫且不論靈界是在什麼條件下決定了人投胎塵世的命運，就說有可能註記不到或註記了卻被逃脫的現象，這在傳知上總得打折扣（而不是必定如此）。因此，像底下這類命終被召回的情事固然是不可避免的了：

　　進入（法老王）墓室後不久，卡納馮勳爵被蚊蟲叮了一口，在那之後他就一直高燒不斷。西元 1924 年 4 月 6 日凌晨，

病逝於開羅的一家醫院。勳爵的姊姊回憶說:「臨死之前,他發著高燒連聲叫嚷:『我聽見了祂呼喚的聲音,我要隨祂而去了。』」(通鑑文化編輯部編,2006:233)

反過來期限未到的誰也無法強行將當事人帶走:「某位女性無預警地發生過度換氣的症狀,看起來很痛苦,我們懷疑是惡靈的影響……不僅如此,這個附身靈還用跟當事人性格完全不同的語調,開始大罵類似『這傢伙的命我要了』、『你們沒有拯救這個世界的力量。放棄救世運動吧』的話語……最後當事人用自己的力量讀誦《向愛爾康大靈的祈禱》,附身靈終於徹底離開。」(大川隆法,2016:98~100)這毋寧有許多案例可以佐證(Barbara R. Rommer,2005;James Van Praagh ,2011;Nathalie Abi-ezzi 等,2011;桐生 操,2004;藥保羣,2013a;蘇家綿,2014);但實際上註記不到(雖然可以補註記)或註記了卻被逃脫(縱使也可以強為追逋)的狀況也不絕如縷(紀昀,1977;干寶,1979;洪邁,1981;蒲松齡,1984;周密,1986;袁枚,1987;葛洪,1988),以至此類靈異語言訊息的傳知性就無從肯定十分可靠。看似有相互主觀依據的認取性知識都這般不實在,那更偏向純主觀限義而可能的另外兩類知識就越發難以保證能夠有效的傳達了。於是要完構靈異語言有關認知/規範/審美驅策的理則性,就得為它設定一個禁區。如圖所示:

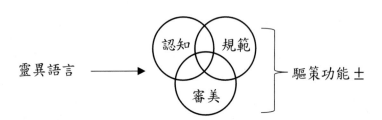

這個禁區以驅策功能加減價碼充當，依中數五十分為準的，往上可加到滿分，往下可減至零分，而不合以意斷定必然位居何處（因為那都是有待持續性的追探才有得驗證成效）。

　　不管怎樣，靈異語言的認知／規範／審美驅策在本體上還得面對一個學理衍化的課題：就是同為符號學所收編的後結構主義／解構主義分別提出「互文說」／「延異說」後對知識本身無以自主的衝擊（Roland Barthes，2004；Jacques Derrida，2004；Julia Kristeva，2005）。這如果能以反詰方式（好比揭露「互文說本身也得互文而延異說自己也要延異」此一弔詭現象而不迎合它已先乏效卻又勉為挑戰知識欠缺自主性的斷言）應付得了就沒事（周慶華，2011b；2019）；如果應付不了，那麼保留著容許有一異說可以來對諍，也不算是什麼嚴重的「關義困境」（畢竟論說難以絕對綿密化這件事任誰都得有深刻的體認）！此外，靈異語言另有傳遞假知識／惡知識／醜知識的情況，那是例屬真知識／善知識／美知識的匱缺，仍然在認知／規範／審美的範疇裏，這就僅順便提及而不再煩為舉例。

第五章　靈異語言的心理和社會因緣

第一節　靈異語言都是權力欲望的發用

「靈異語言的物質性及其被使用情況」和「靈異語言的表義過程和訊息交流」兩部分的部署條陳，無異成就了一套跨界且明顯可辨認學科的規模，而使得靈異語言學終於備有穩固的根基。接著就是要再延伸出去為它支架築牆覆頂，以便能夠撐起足以自詡為新學必要的深度性（此深度性由具層次感而摶就）。而這在由物質性兼精神性更進到較深精神性事涉晉中階段的，則有「靈異語言的心理和社會因緣」一理。此理基於增衍合現前提，所出分項自當包括「靈異語言都是權力欲望的發用」、「靈異語言所顯現兩界相互支配的實況」、「靈異語言中的魔考和權力折衝向度」和「靈異語言蘊涵的可對諍權力支配餘絮」等。而依質性，顯然得擬比於現實學問中的心理學和社會學等理論框架，並權藉相關的方法流程來建構專屬的靈異語言學部件。現在為了容易看出它的內蘊潛能，就照次序先從「靈異語言都是權力欲望的發用」談起。

前面說過靈異語言的中介轉繹有所謂的語境誤區（不小心就會逸格岔解靈異語言），而此誤區乃一併要在它的發訊／收訊模式所得計入的雜音範域去看待（詳見第三章第四節和第四章第一節）。倘若回到語境本身的清理，那麼有關它的誤區性很快就可以獲得解會。理由是：一般所說的語境，凡是具有認知作用的，就叫做「認知語境」（有別於一時情緒反應或神秘力介入亂事的非認知語境）。而所謂認知語境，被認為「既包括了上下文這種語言意義上的語境，又包括了即時情景這種物質語境，還有個人特定的記憶、經歷和對未

來的期望所構成的心理語境以及社羣知識、百科知識這些在不同程度上共有的知識語境」（Dan Sperber 等，2008：譯者前言 14）。當中由上下文形現的內語境，已被可能涉及的故事／情節所涵蓋而在相關語言面意義的詮解中併同去處理（此地就略過不談）；所剩由各種背景鋪墊形現的外語境，則為雜音所繫而得額外對待。這部分，最能夠規範為理則性的，就是緣心理／社會條件所構成的語境模組（其他諸如語氣／姿態／表情／氛圍／意境等也屬外語境的就比較難以模組化）。這個模組，乃以權力意志為核心機制，而統攝個別性的權力欲望和集體性的權力欲望等（所以節標就依便取「權力欲望」一義定名）。

依理靈異語言傳遞訊息不會僅止於受到認知／規範／審美等知識欲求的驅策，它還會有驅策認知／規範／審美等知識的別為驅策力更在背後隱存著。而這別為驅策力，則可以仿世學稱作內外在機制。當中內在機制（心理機制）不外有存有感召／價值動機／權力意志等；而外在機制（社會／文化機制）也有橫面的意識形態／權力關係／傳播體系和縱面的歷史文化等（周慶華，2016a：17～22）。它們的展衍，主要是以最可自覺的權力意志為起點（而後連帶或收攝其他機能再行推廣且兼含文化理想）。也就是說，緣於靈異語言跟現實語言有著實質以外的形式上同構性（詳見第一章第三節），所以它的出現也不免是為了獲取權力。而該權力的主體性，經過論者多方的研討早已粲然大備：

> 「話語」是現代和後現代社會將人作為「主體」來進行組構和規定的一條最具特權的途徑。用當今流行的話來說，「權力」透過它分散的制度化中介使我們「主體化」：這就是說，它使我們成為「主體」，並使我們服從控制性法則的統治……實際

上，我們甚至可以假定，權力影響著我們反抗它所採取的形式。（Frank Lentricchia 等編，1994：77）

根據這個觀念，權力以外並不存在本質的自我；而相同的對權力任何方式的反抗，也是依賴於權力而不是某些有關自由或自我的抽象範疇。換句話說，我們所生存的世界，就是一個話語（言說最小的單位）運作的場域，而權力則為該場域終極的主體。這種主體，在兩界循環互進的前提下必然相貫通，同為總綰一切學問的樞紐（周慶華，2006a：12～13）。這是靈異語言的發訊者所能意識的最重要的變數（至如外在機制裏縱面的歷史文化，在發訊者尚未完全自覺的情況下，它可能是最具制約力的變數；但當發訊者能夠完全自覺了，那它就會變成一個選項而仍舊為權力意志所統轄），也已經有行為心理學的命題可以跟它相呼應。也就是說，行為心理學的一個命題「如果做某件事得到鼓勵，那麼做這件事的次數就會增加」（Kay Deaux 等，1990：10～23），我們藉它來論斷靈異語言的發訊，就會得出這樣的演繹形式：

> 一種鼓勵對個人的價值越高，那他採取行動取得此一鼓勵的可能越大。
>
> 在某一情況下，靈異語言的發訊者認為靈異語言的發訊有很大的價值。
>
> 所以祂會採取行動來從事靈異語言的發訊。

這是比照 George C. Homans 討論一個不掠奪他國土地案例的推論方式（George C. Homans，1987：34～35）。而所謂「某一情況」，可以填入謀取利益／樹立權威／行使教化等。當中謀取利益，涉及利益

的多沾或多得（相對地別人就少沾或少得），可以說是該權力意志的變相發用；而樹立權威，則無異是該權力意志的全面遂行；而行使教化，更是該權力意志的恆久性效應（周慶華，2016a：120～121）。換句話說，權力意志可以統攝謀取利益／樹立權威／行使教化等想望，或者乾脆就說它是謀取利益／樹立權威／行使教化等想望中的想望。因此，整個論斷演繹的充實化，就是這樣：

> 一種鼓勵對個人的價值越高，那他採取行動取得此一鼓勵的可能越大。
>
> 在可以遂行權力意志的情況下，靈異語言的發訊者認為靈異語言的發訊有很大的價值。
>
> 所以祂會採取行動來從事靈異語言的發訊。

此地的權力意志，僅是指影響別人或支配別人的欲望（分著講就是為了謀取利益／樹立權威／行使教化等），而跟 Friedrich W. Nietzsche 為成就「超人」（以取代上帝）的權力意志（Friedrich W. Nietzsche，2000）略有不同。恰是這個勢所不免的權力意志，使得靈異語言的發訊者也不得不屈從於通貫兩界的行動軌範（不然該影響或支配欲望就無從喚起而被察覺）；只不過祂還可以藉由所發訊息的精準或高效率來穩住自我能耐的神聖性，終而體現為一種足夠改變局勢或提升互動品質的文化理想性（有績效就能促進兩界迴環培植新學益生的發展），以至整體靈異語言的發訊也就不致完全「墮落俗流」。正因為屈從於通貫兩界的行動軌範不能片面信賴，所以有關靈異語言發訊的「力道拿捏」（可寄望於外靈勉為自求升級）就顯得特別重要。如此一來，文化理想的終極考慮和權力意志的終極驅動就得合為一體，而完成有意義或有價值的靈異語言的發訊，以顯現

靈異語言在跨界存有的必要曲折歷程。姑且舉個例子來看權力意志這一穿透相關場域的動能：

> 一羣「當事阿飄」得知我要出書，況且還打算把祂們的故事更深入詳盡地曝露出來，那還得了？於是反對聲浪就來啦……例如被插座電到、螢幕變亂碼、電腦大當機；或者突然覺得脖力或心臟被掐，讓我呼吸困難等等……其實很多時候，都是對方正坐在我書桌前，慢慢地敲著鍵盤……就算電腦是關機狀態、不插電，祂們就是有辦法改內容……最頭痛就是同意我寫、寫完之後又「善變」……任憑我改了又改、修了又修，枉費再三說明，祂們連看都不看就直接打回票，叫我趕快刪掉！（張其錚，2012：23～28）

這裏的靈異語言都已略去，但存類靈異語言（外靈刁難修理通靈人的種種動作）。縱使是這樣，我們仍然可以推測內隱有外靈對自己所傳遞訊息優著可競爭性的執著（才要自行介入修改或強迫通靈人修改）；而這一在意品質的作為無非是基於對讀者有可深受影響或支配的想望，以及期能凌駕同行而贏得發言權或降等免除同行的譏諷淺薄，不啻是權力意志的雙重展現。此外，從諸般跡象（包括祂們也嫺熟電腦的操作在內）來看，外靈對於慎重表出以取得信賴一事有相當程度的認知（才會一改再改傳訊的內容），這所精審企正或慮效產製的成果（已見於該紙本書）則無異也卯上了點滴的文化理想。可見靈異語言的發訊深驅策於心理機制，已是難以否認的事實。

　　除了心理機制，靈異語言的發訊還跟現實語言的發訊一樣，都會再在過程中兼為關涉社會機制。表面上是權力意志的發用會由個別的影響／支配欲望擴及集體的影響／支配欲望（凡有組織的團體

都在潛蘊流露這種意圖),實際上則是社會機制內的意識形態╱權力關係╱傳播體系等給了方便,致使靈異語言的發訊者得有資源可以據為遂行祂們的集體權力欲望(雖然該集體中還會有想要反向影響╱支配的個別權力欲望)。好比外靈找人代言並設法將成書委由出版社印製(外靈可以透過其他關係人代為覓得出版機會或逕直撓動編者意志迫使他接納出版),在自由民主的社會乃為司空見慣的事(沈嶸口述、米蘭達撰文,2009;隨緣,2011;潘明雪,2013;平易口述,趙慕嵩撰稿,2014;吳先琪,2014);相對的,在專制集權或盛行唯物科學的社會對這類靈通情事只得以「特異功能」為掩飾而不敢直言神鬼(妖)的協作(程振清,1994;劉清彥譯,2001c;吳美雲採訪,2016),同時出版量也難以跟前者相比。這種一鬆一緊的傳播現象,就是緣於不錯過立言機會、可影響或支配庶民對象和出版環境能加以利用等攸關意識形態╱權力關係╱傳播體系此一社會機制有否便捷為差異前提才成形的。它是心理機制的夥同對象,也是再跨向文化機制的銜接或墊基角色(詳見第六章第一節),重要性也不言可喻。

　　縱然如此,在社會機制眾項中又以意識形態最稱關鍵。它原為個別人所有意無意創發的一套思想觀念(如立德╱立功╱立言╱民主╱集權等),用意在解釋世界並改造世界(Jean Servier,1989);不意在經過大家長期迎合推廣的情況下,逐漸轉為帶有集體性且能促成社會興替的媒介,而或深或淺的陶鑄在人腦海內且被權力意志所驅使為踐履的原動力(Diane Macdonell,1990;Sonja K. Foss 等,1996;Andrew Vincent,1999)。也就是說,權力意志固然有著決定一切行動的優位性,但要論及該行動的趨向卻不能不依賴意識形態著為色彩,致使權力意志和意識形態要合謀聯袂才有靈異語言傳訊的事實。如圖所示:

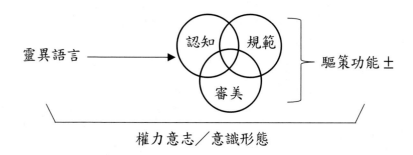

這把前節所繪認知／規範／審美的驅策功能圖再疊加心理和社會因緣中的權力意志／意識形態等制約力，相關靈異語言的傳訊就更有規模可說了。而從不得沒有權力意志／意識形態聯合的先行存在一點來看，這才是靈異語言交流系統裏的正音。前面所出示的雜音說（詳見第四章第一節），在這一「觀念轉換」中勢必要從新定位：就是讓雜音說僅保留在靈異語言傳訊的表面層次，內裏層次則得視此權力意志／意識形態等為正音，二者准予站在不同角度看待。

第二節　靈異語言所顯現兩界相互支配的實況

　　正由於有個別性／集體性權力欲望的發用而使得靈異語言的傳知得以成行，以至所綰結靈異語言經驗／現實語言經驗彼此具有的延伸或迴環關係、共據同一前提關係和同秉終極性影響或支配欲望關係等新學問境況（詳見第一章第三節），就可以這麼無障礙的順勢確立了。此中顯明的層層疊疊的互通性，在某種程度上又難免會出現兩界相互支配的情況，這當是早已能夠預料的事，也終而要在「靈異語言都是權力欲望的發用」前提下分衍「靈異語言所顯現兩界相互支配的實況」一個等待察覺的課題。這一屬蘊涵（而非並立）競明的理路，乃是緊接著要談論的。

　　就許多跡象總有牽延面或因果鏈附著而不孤絕（Brian L. Weiss，2003；Stella M. Trevez，2006；Daniel Foor，2019；正見美術小組編著，2007；慈誠羅珠堪布，2007；林俊良，2008）一點加以判斷，兩界始終處在循環互進的情境中（有相互依存和輪迴轉世等神秘經驗在保證）（周慶華，2002；2006a；2011a），所以相關的權力支配也會在此一循環互進過程被刻意或半刻意的流露出來。它也許會暫時向靈界一邊傾斜（如個別外靈可以控制人和靈界在集體發威的氣勢上會壓過現實界等）；但從長期來看，它還是得重回「相互支配」的平衡或準平衡狀態，才能確保整體的秩序化。如：

　　　　在法會中，她（蓮花寶珠）入三摩地時閉上雙眼，但天眼卻睜開著。她看見會場的靈氣很重；很多很多的幽靈、亡靈站在會場大門外，在威猛的護法金剛的維持下，很有秩序地排著隊魚貫進入會場……她還看見：在那堆積如山的供品前擠滿了亡靈，那些中國靈毫不客氣地拿著親人給祂們的供品；

而那些外國靈卻是很有禮貌地在排著隊，不敢伸手去拿，給
祂們就要，不給就不要。那些分發供品的是護法金剛：祂們
從供品堆裏撿出供品，分給次序上來的幽靈……（黎國雄，
1995：48～50）

由文中亡靈受薦和護法神分發其餘供品給幽靈等類靈異語言可以推
知：舉辦法會能給人消災納福，也能給鬼靈施食超薦（到高級神靈
處蒙受庇護）；反過來鬼靈得到好處後不但不為難人，而且還會在能
力所及範圍多方的幫助人（按：一般的祭拜、誦經迴向或其他的禮
讚儀式等也會有這種效果）。至於一併崇敬神靈所促成對方有感於人
的虔誠追思而可能給予「有求有應」的回報，那就不必言喻了。這
就是兩界相互支配平衡化的一種徵象；而它的成功典範，也可以讓
我們推及別層面的正常互動也無不如此（周慶華，2006a：264～265）。
即使有些形同外靈驚嚇、唬弄、甚至詐欺人的情事仍然斷續在上演，
它也會自有調節機制從中予以緩解或導正。如：

至於（上吊自殺的女鬼）為何會長髮覆面，並非為了嚇人，
而是因為羞愧，是為了遮掩脖力上那條猶如詛咒般永遠脫不
掉的繩子……我總是告誡祂們：「若想求得幫忙，就不要裝成
一副嚇死人的鬼樣子，一點做人的禮貌都不懂，一旁整理儀
容去，再來見我！」，而祂們都會接受照辦，立即轉身梳整頭
髮，待一切梳理妥當後，展露善氣忸怩的靦腆表情，從新跟
我對話。（林勝義，2017：64～65）

鬼之間雖然胡言亂語卻可以溝通，因為靠的是心意相通，所
以要怎麼講都可以，我想這是祂們在靈界作怪的一個默契，

　　彼此互相掩護和得利。曾經有位孤魂野鬼附在我身上要說話起頭便說了一連串所謂的「天語」，當祂被神明嚴厲斥責，要祂不要再以「鬼語」來賣弄玄虛後，祂就像做錯事的小孩，不敢再胡言亂語，開始正經地以國語說話。(如實，2013：161)

　　那些在街上流連的無主孤魂，祂們有些漫無目的，有些有事相求，最常希望我燒些什麼給祂們、希望我替祂們傳話給家人或純粹想找個人聊天等等。我明白這些是簡單的事，但幫了第一個之後，二三四五六個就會出現，我試過，真的很頭痛，我燒祭品燒到被屋苑管理處投訴！(陶貓貓，2019：115)

女鬼刻意披頭散髮已經驚嚇到人(不全因為羞愧)；而孤魂野鬼秀異選擇天語(異系統語言)也等於要唬弄人；至於無主遊魂的伺機接連索求更不啻是在詐欺人！這些通貫於兩界的灰色案例彼彼皆是(Sylvia Browne 等，2005；Sasha Fenton，2007；James Van Praagh，2011；潘明雲，2013；蘇家綿，2014；大川隆法，2016)，只不過經上引各文所敘類靈異語言和所隱含靈異語言據例予以點出而已。最重要的是那些看似主導權在外靈的傾斜一邊情事，都在人主動曉喻疏通或靈界介入調解後回復平衡狀態，可見兩界確有相互支配而不容一邊獨大的現象存在。

　　縱然如此，這種不容一邊獨大的狀態也僅限於次級事務；如果是牽涉到生死興亡關隘，那麼靈界的掌控力道在所劃分區域內就從來沒有削減隳頹過(Bernhard Lang，2006；Nathaniel Lachenmeyer，2006；桐生　操，2004；歷史秘密研究會，2011；欒保羣，2013b)，這時的平衡欲求就只能靠自我靈性修鍊或外星人守護來感動屈服對方而短暫遂行(Clemens kuby，2005；Lynne McTaggart，2006；Alberto

Villoldo，2006；Dolores Cannon，2005；衡山國際靈學教育委員會編著，2005）。但依目前的局勢，由西方政治、經濟、社會和科技等興盛撈過界所帶動的全球化浪潮，誘發來世間盲目亟欲享福的生靈大增，已經在窮竭耗用地球有限資源而不斷升高能趨疲危機，這時倘若靈界再無視於此一嚴重脫序後果而還兀自沈湎在既有平衡更好的美夢中，那麼到了一方毀滅時刻來臨，一切想要挽救危亡的舉動就會嫌太遲，而遺憾只得留諸空蕩的天地了！因此，冀望在某些特別情況或條件下略向靈界一邊傾斜，也就成了趨避危亡所不得不爾的抉擇，諒必無妨「靈異語言所顯現兩界相互支配的實況」再一次的權為歧出。而說實在的，證諸歷史這種權為歧出且重在警示作法，早已不乏先例。如：

> 干寶《搜神記》中說的「上帝以三將軍趙公明、鍾士季，各督數萬鬼下取人」，以及《神咒經》中所述的各種瘟鬼成萬上億的出動──這些瘟神瘟鬼都是配合著兵亂和饑荒同時行動的，就都是上天的安排。再看近代，如袁枚《續子不語》卷8〈溫將軍〉一條提及：「今溫將軍奉上帝命，往乍浦辦海劫一案，親來海上。」那就是十太保之首的溫瓊元，作為玉帝欽差親至乍浦安排降災（海嘯漂溺而死者數千人）。（龔保臺，2013a：134）

> 死神隨著節奏在半夜的墓地裏跳舞／骷骨在半夜裏穿著白衣服來回走動／人們牽著手，做出了死亡的圓圈……有史以來，黑死病有過三、四次的大流行，但中世紀的這次流行，卻引發堪稱人類存亡危機的重大事件……另一方面，文藝復興時期的代表作家，喬萬尼・薄伽丘則在《十日談》中描述

了這個現象……最後，鼠疫所奪去的人命約佔了全歐洲人口的三分之一。（歷史秘密研究會，2011：264〜269）

這都有可能是為了免除更大危亡所採取的「犧牲少數以儆多數」策略，一旦目的達到，兩界又會回歸彼此訴求平靜和諧的境地。類似的，晚近幾次大規模災變所奪去眾多生命（如臺灣921大地震、南亞大海嘯、四川大地震和海地颶風等，都死傷慘重），理當也是出於同樣的因緣，只不過現實界還罕見有人深凜此中警意而知所虛懷曠觀以對罷了。

第三節　靈異語言中的魔考和權力折衝向度

事實上，災變及其後果所顯現的權力歧出現象，未必侷限在天然發生的部分，還有人為造成所引起的恐怕案例更多。好比歷代的朝中與大獄死案，據傳都已在生死簿所搭配的火字簿／水字簿／土字簿／縊死簿等冥簿裏註記死法確定（鑾保臺，2013b：258～263）；而發動戰爭大屠殺的主角如 Napoleon／Adolf Hitler 等，也有紀錄說到他們都不由自主仿若被外靈牽著方有該類行動（L. James Hammond，2010：159～161），無不顯示著相關手段或過程的遍及性。而這也使得人作孽才導致靈界介入懲罰以為挽回生態失衡的權力歧出此一曲衍狀態（實為靈界在暗地裏操縱），因為表面有媒孽者穿梭攪和而無形中多出了一個權力折衝的場景有待探究，於是「靈異語言中的魔考和權力折衝向度」這項必要分衍的更深現象課題，就得順勢續為設定且予以精要的論列。

大致說來，靈異語言所顯現兩界相互支配情況的條陳，一方面是在印證一切都是權力欲望發用的道理；一方面則是為了引出某些比較隱微的權力折衝向度（現象或徵象）。此一向度，在現實界可以顯現於個人和個人、個人和團體以及團體和團體等層面；橫跨兩界後則會變得更為複雜。也就是說，它除了可能見於靈界單一存在體對單一個人以及靈界集體存在體對單一個人和靈界集體存在體對集體羣眾等類似模式的衝突（分別如個別外靈干擾人罹患憂鬱症或躁鬱症、多數外靈結為團隊揀選迫使個別人當靈媒和靈隊一起驅策羣眾採取暴力行動等）（William Styron，2001；Steven R. Conklin，2004e；張開基，2000；莊桂香，2005；史登堡研究會編著，2010；歷史秘密研究會，2011），還有可能因此而轉牽動靈界的局部或全體存在體的相互抗衡（如靈界軍士集體讎對或相異陣營彼此征戰）（O'MARA

Foundation，2005b；徐向東編著，2013）。這樣一來，所謂「靈異語言所顯現兩界相互支配的實況」就得再加一個註腳：這已經擴及網絡式的動態關連，所有的影響力和支配力等都將散布著發揮作用；而我們相關的理尋也可能以挂一漏萬收場。雖然如此，這一權力折衝現象還是得勉力探它一探（才能知道自己可能的處境）。而當中跟我們特別有切身感的魔考一項，則會是本課題的重要發端且在進層上綰合著靈異語言的心理／社會因緣。

　　這不妨從靈界的神爭或魔鬥談起：東西方都有長篇文學作品在敘寫上古時代天上眾靈的爭戰，一個是古希臘時代出現的《伊利亞特》史詩所描述特洛伊戰爭期間諸神的互爭地盤（Homer，2000）；一個是中國明代出現的《封神演義》小說所描述周武王討伐商紂時諸神仙佛妖的鬥法助戰（陸西星，2000）。這些容或有荒唐怪誕的成分（緣於各人認知的不同）；但一定要說成那都是「**將人類社會翻版後再賦予維妙維肖的各種超自然能力**」（周逸衡等，1996：42～43）就太過自以為是了。大家知道，西方一神教興起後，類似上述的神爭一轉變成「神和魔鬥」且更為劇烈的傳聞，始終沒有從人心中剔除（Leszek Kolakowski，1997；Karen Armstrong，1999；Philip Jenkins，2003；Veronica lons，2005；Karen Armstrong，2016）；顯然那並不是心理投射的結果，而是兩界循環互進經驗的點滴遺留。相對的，東方世界所特有的神仙佛妖等靈物，也一直是該傳統中人崇祀感應的對象（馬書田，2002b；岳娟娟等，2005；葉怡君，2006；康笑菲，2009；周鼎國，2018），小說所框架鋪陳的未必盡屬胡謅。而其實，這一點還不是最主要的，最主要的是裏頭所蘊涵的神爭或魔鬥緣故都跟為了搶奪對人的支配權有關。這顯示了在兩界互動中自居優勢的靈界存在體終於找到了試煉具體或實在支配本事的場域（人有肉體可供凌遲毀滅，遠比眾靈間相互比劃於純精氣不痛不癢來得有成

就感）；而現實中人自覺鬥不過靈界存在體的，只好尋求依附以便苟活。這也就是靈界要不斷染指現實界而現實界老是忙於溝通靈界的原因所在，大概還沒有誰有辦法能全然從此一情境中脫身（更別說什麼絕對的逍遙了）。

　　有個西方人所喜愛的假設說：「如果每次祈禱都靈驗，會引起種種的問題。例如兩個信崇同一上帝而交戰的國家都向同一個上帝祈禱獲得勝利，上帝要聽那個國家的話？如果信崇的不是同一個上帝，那麼人間的戰爭會不會變成一個上帝和另一個上帝的戰爭？有些祈禱的願望是無法都達到的。」（Ian G. Barbour，2001：X）這證諸西方的一部戰爭史，似乎都有了解答。也就是說，倘若是前面那種情況，那麼西方人已經有「上帝利用戰爭來控制人口」的自我解嘲：「我記得 1971 年，有一回我從丹麥乘船回美國，在挪威輪船泊京佛德號上遇到一位虔誠的天主教徒。她憤怒地批評現代人墮落，信教的人日漸減少，並抨擊家庭計畫和避孕習慣都是『人類避免人口膨脹的不虔誠方法』。她談到這個社會政策時說：『我們都不相信上帝。為什麼？上帝自有辦法控制人口啊！』我問她上帝如何控制人口。她回答：『戰爭、饑荒和疾病。』很懷疑我怎麼提出這麼愚蠢的問題。我無力地答道：『或許人類的不虔誠的方法還好些。』」（Loius P. Pojman，1997：153）這再連到《聖經》史料所記載一次又一次上帝試圖毀掉祂所創造卻不滿意的「劣質子民」（香港聖經公會，1996），不就一起逼得那位隱藏在背後的實際上帝（承認祂的存在，但不必連同西方人愛吹噓的全真／全能／全善性也一道接受）不這麼去主導每一場戰爭也不行了。而倘若是後面那一種情況，那麼不同族羣（或國家）所信奉的神靈不一樣，打起仗來那些神靈當然要各護一方（這時戰場傷亡可能會更加慘烈），這還有什麼好懷疑的？可見人和人的戰爭，也就是人和神的戰爭（人要仰賴一神去鬥另一神或乾

脆賭神站在自己這一邊）；而人和神的戰爭，結果都被收攬為神的優為權控而造成人的必然弱勢待宰，這似乎是早已潛藏穩著不去的鐵律。

縱使情況這麼不堪，但人也不是不知道反抗，以至另一場魔考的權力折衝戲就跟著上演了。所謂的魔考，是指不合理或不合情或不合法的支配考驗。當中的魔，原可以等同於創造觀型文化傳統中所慣稱的惡神「魔鬼」或緣起觀型文化傳統中所常指的異教「外道」或氣化觀型文化傳統中所屢示的崇禍「邪靈」（Robert Muchembled，2007；任繼愈等編著，1995；卿希泰等，2006）；但基於本脈絡所著重的權力衝突面也可能發生在「正神」的主導中，所以才這樣不限定它的屬性而僅以行為論斷。這種不合理或不合情或不合法的考驗，對弱勢的被考驗者來說當然是無與倫比的身心折磨；但對強勢的考驗者來說卻也未必可以輕易得逞。如：

> 神要試驗亞伯拉罕，就呼叫他說：「亞伯拉罕！」他說：「我在這裏！」神說：「你帶著你的兒子，就是你獨生的兒子，你所愛的以撒，往摩利亞去，在我所要指示你的山上，把他獻為燔祭。」……於是二人同行。他們到了神所指示的地方，亞伯拉罕在那裏築壇，把柴擺好，捆綁他的兒子以撒，放在壇的柴上。亞伯拉罕就伸手拿刀，要殺他的兒子。耶和華的使者從天上呼叫他說：「你不可在這童子身上下手，一點不可害他！現在我知道你是敬畏神的了……」亞伯拉罕舉目觀看不料有一隻公羊，兩角扣在稠密的小樹中。亞伯拉罕就取了那隻公羊來，獻為燔祭，代替他的兒子。（香港聖經公會，1996：19）

西方一神教裏的上帝，為了絕對的掌控權而以這種獻子的方式來考驗子民的忠誠，固然達到了目的，但那知道它不會激起對方生出「終有一天要棄祂而去」的貳心（只要人還有理智而不純粹停留在情感認同的階段，這一抗命的事件遲早會爆發）？因此，上帝一手策畫導演的忠誠大考驗戲碼，只會更增添祂自己的不安和疑慮，根本無助於權力的伸展或持續。

　　類似的，我們看許多通靈人被神靈選中啓靈過程所充滿迫病或意外事故一類的劇情（舍明那拉，1998；張開基，2000；劉清彥譯，2001c；盧勝彥，2004a；連銀三，2004；江嘉葉，2013），焉能不想到這就是一場權力折衝後落敗者的儀式？即使像有些突然罹患憂鬱症或躁鬱症到如同背後有鬼使神差在操控的地步而始終堅拒不為所動的人（William Styron，2001；Patricia L. Owen，2003；張開基，2004），他們也不過從反面證成了那一落敗者儀式的恆久待君性。換句話說，有不同質性或相異位階的靈體存在就有權力支配；而有權力支配就有反權力支配；而有反權力支配就有敗北的可能。這是兩界共有無可奈何的事；而總有人要不幸的受到靈界存在體在暗中強為支配（不然祂們的強勢又要何處用武呢），屆時他們更得徒呼負負！這種可逕稱為「魔考的權力折衝現象」（周慶華，2006a：268～273），無疑已經佔據靈異語言相關心理／社會因緣特別顯著的位置；而它也將決定著後續另一個對諍權力支配課題的開啟時機，還得耐心的看下去。

第四節　靈異語言蘊涵的可對諍權力支配餘絮

有魔考就有權力折衝（所以魔考和權力折衝便是一個相繫的關係），而權力折衝最後多半也會走向權力平衡。這種平衡，在相當程度上乃是對諍介入才有此一結果，馴致「靈異語言蘊涵的可對諍等權力支配餘絮」仍為分衍的同屬更深現象課題一樣要從中孳生而得給予妥善的談論。

這在進程上，無妨就以平衡權力的緣起作為敘說的基底（而後才充分展開論域）。理由是：魔考的權力折衝現象，所給人的觀感是兩界互信機制的匱乏，彼此都不免要在爾虞我詐、緊張對峙中渡過；也使得未曾遭遇魔考的幸運兒有冠冕堂皇的理由對通靈人的「虛妄奴事」嗤之以鼻（Martin Gardner，2006；許地山，1986；宋光宇，1995；瞿海源，1997；李亦園，1998；成和平，2002；林基興，2016），而後來不知道變換角度看待同情他們的艱難且倉皇營生的處境。因此，所見靈媒的廣為社會需求（周慶華，2006a：150～154），有時就變成了集體妥協的代名詞；很難得才能再喚起不甘願的抵拒行動。這種現象，幸好兩界都有調節機能（總有看不過去的人／神會介入疏導仲裁）而不致全面失控。這就不禁會再引出一個上面所說平衡權力的兩界互動課題。

所謂平衡權力，乃是兩界有特優見識且具決策權的靈體在一次又一次的循環互進中集體擬定、甚至共同協商的結果（雖然它也會有所易動更迭）。因此，現實界就訂定出了制度、組織和集會等法規，以及管理、監督和考核等辦法；而靈界也會依實際需要而規畫出一套靈制（或說它更早就訂出）來自治和牽繫現實界的運作，彼此都以能夠在靈體流轉過程中達到權力平衡為最基本的訴求。當中靈界所兼牽繫現實界的地方（當然現實界也會以某些間接方式影響靈界

局部的運作；但因為論題有所偏重就不提了。參見本章第二節），經常以製造肉體死亡來維持兩界兼顧式的權力平衡，這就特別可觀且跟本靈異語言課題密切相關而得把它帶進來處理疏通。

　　平時我們常想不透的一些自殺和意外死亡等事件，除了有部分是遭連累（特別是發生在意外死亡處所），其餘可能都跟上述的平衡權力有所連結。如果就肉體死亡一事來看，那麼它顯然不出自然老化而死（肉體機能不堪再持續）和非自然老化而死等兩種情況；而非自然老化而死部分又有疾病死、意外死、自殺死和他殺死等分野及其細項情況。如圖所示：

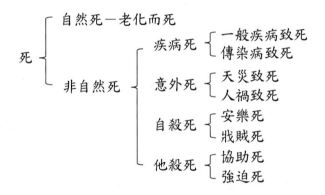

這都有經驗可以檢證（周慶華，2002：132～133；2011a：92～98）。現在就權以自殺死和意外死這兩種看似「自力死亡」和「他力死亡」卻可能廣相牽連的狀況為例，看看它們到底帶有什麼樣的靈異性。以自殺死來說，倘若不依上述世俗式的區分為安樂死和戕賊死而純就自殺原因來歸結它的類型，那麼這就有下列圖中如許多種情況：

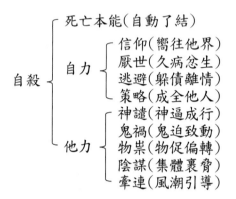

```
          ┌ 死亡本能(自動了結)
          │          ┌ 信仰(嚮往他界)
          │     ┌ 自力┤ 厭世(久病忿生)
          │     │    │ 逃避(躲債離情)
自殺 ──────┤     │    └ 策略(成全他人)
          │     │          ┌ 神譴(神逼成行)
          │     │          │ 鬼禍(鬼迫致動)
          └     └ 他力 ────┤ 物祟(物促偏轉)
                           │ 陰謀(集體裹脅)
                           └ 牽連(風潮引導)
```

在這些死亡本能、自力和他力等自殺原因中,就有靈界的因素介入(指神譴／鬼禍／物祟等),而其他在不明朗的時刻也未必「如所分辨」(很可能也都是靈界在操縱);以至所謂的自殺並非真自殺,而靈界所以介入的動機也得從平衡權力的角度來解釋它的合理性。換句話說,只要是靈界牽引的自殺案例,大體上都有為平衡權力的正當理由(當然容許有少數的例外)。而這也可藉為理解自然環境中許多動物在某特定時期一起尋死的原因;也就是像鯨魚集體擱淺自殺、飛鳥集體投村自殺和老鼠集體跳海自殺等(品川嘉也等,1997;Steven R. Conklin,2004c;Steven R. Conklin,2004i),都有為維持兩界生態平衡的考慮在內(至於「誰」以及「如何」驅使那些動物成羣覆亡,那就可以歸給「靈界自有決策者和執行程序」而毋須強為追根究柢)。

　　至如意外死亡部分,在現實界來說是意外;在靈界來說就不能叫意外。靈界可以透過天災人禍的發動驅策來作為平衡權力的媒介,本身就是有意造成的(不論是直接造成還是間接造成)。於是當一個古老的洪水故事進駐我們的腦海時,另一個誰發動了洪水(類靈異語言)的警覺也得跟著深植:

耶和華見人在地上罪惡很大，終日所思想的盡都是惡，耶和華就後悔造人在地上，心中憂傷。耶和華說：「我要將所造的人和走獸，並昆蟲以及空中的飛鳥，都從地上除滅，因為我造他們後悔了。」……洪水氾濫在地上四十天……凡地上各類的活物，連人帶牲畜、昆蟲以及空中的飛鳥，都從地上除滅了，只留下挪亞和那些跟他同在方舟裏的。（香港聖經公會，1996：5～7）

沒有「沒有意義的洪水」，也沒有「恆久無謂的死亡」，從這個挪亞方舟的洪水故事裏我們可以細細的聯想。此外像地震、颶風、海嘯、饑荒、毒害、氣爆、火災、車禍、船難、空難、溺斃、山難、甚至大規模的戰爭和傳染病等天災人禍所造成的死亡〔按：戰爭和傳染病二者在前一圖示中屬於他殺死和疾病死範圍，論者多有認同或引述源自靈界的主意（Loius P. Pojman，1997；Arno Karlen，2000；張劍光等，2005），這裏權為收攝〕，也都無妨比照著去尋繹當中的道理（周慶華，2006a：273～279）。

　　後面這部分如果要求解釋模式的完善化，那麼除了上述的廣泛例解及舉證，還有必要解決一個關鍵性的問題，就是憑什麼靈界能夠對人這樣予取予求（換句話說，人要有被操縱的弱點，靈界才會發動災變奪走人命以為成就所謂的支配大業或權力坐實）！此地就順便來處理這個問題：大致上，靈體從入胎後就一直在肉體內活動（沒成胎前就先等待），倘若沒有外靈協助或促動，那麼他是不可能離開肉體而造成肉體的死亡。所謂「不管臨終者是誰，靈界一定都會派領路的靈體過來，這件事毫無例外……領路的靈會幫忙臨終者的靈體從肉體中分離出來。如果這個人是躺在床上，那麼他的靈體

就會脫離肉體而坐起來，但肉體還是一樣留在床上躺著」（史威登堡研究會編著，2010：78～79），就是在說這種情況。因此，人的臨終到了與否，都會有靈界給訊息（只有極少數因故來不及告知）。好比這類情形：

> 許多死亡見證者都指出，他們在死者臨終前都曾經看過死者已過世的朋友和家人──前來歡迎這位新成員隨同祂們加入「另一個世界」的生活……（有些）會被告知：「時候」還沒到，他們最終還是都回到自己原本的肉體上。（劉清彥譯，2000：73～74）

而世上有些無頭人或無腦人還可以正常營生（慈誠羅珠堪布，2007：20～27），就是他們的靈體還未脫離肉體的緣故（時候未到或允許延命）。這樣靈界要以集體制裁的方式平衡生態，只要藉災變乘便拉走或撞出人身上的靈體而使肉體失去動力，就可以達成毀棄肉身而恢復秩序的目的。這也就是為什麼有人歷經千災百難都還活著而有人才一遇變故就當下死絕的原因所在；畢竟靈界在暗處有可以穩穩操縱人生死的便利，誰被選中或排定了誰就難以擺脫（周慶華，2011a：107～108）。而這自然會引出另一個可對諍權力支配的問題，接著談乃有充當餘絮以為圓滿收尾的作用。

　　大家都明白，只要牽涉權力的事，難免都要染上「低俗化」的色彩。因為在醞釀權力意志和遂行權力意志的過程中不是想著謀取利益就是想著樹立權威（至於行使教化則可遇不可求，要想也是排序在最後），它的銅臭味和市儈氣永遠不可能離身。現實中人是如此，靈界存在體又何嘗能夠例外！試想兩界互動所激出的一些崇拜／祭祀和福佑／恩賜等交易以及動輒驅策災變／疾疫和嘗試改善道德／

行動等過招，有那一樣不是「利」字當頭「權」情蠢動？因此，討論完了「靈異語言都是權力欲望的發用」、「靈異語言所顯現兩界相互支配的實況」和「靈異語言中的魔考和權力折衝向度」等有關課題，來個小結「靈異語言蘊涵的可對諍權力支配餘絮」則不啻可以藉機展望一下所內紬「靈異語言權力學」的未來走向。

　　基於上述這個前提（帶有兼採的額外後設權力行使「當如何」意味），本脈絡試以「可對諍權力支配」的接續觀念來發微裏頭理當要有一條不致太過低俗化取得權力的途徑。這總說是一種可對諍（對話諫諍）的權力支配；分說則是要讓相關的權力行使在積極面上儘量合理化以及在消極面上不會腐化和濫用等，從而改變一點權力無從高雅化的面貌。

　　前者（指讓相關的權力行使在積極面上儘量合理化），有一個後現代式的相對權力觀可以藉來參酌想像：「所有的人都會使用權力，所有的人也都會臣屬於權力：『權力的使用和運作透過一個像網一般的組織，每個人穿梭於網中的線；人總是處於同時進行和運作權力的位置。』」（Sonja K. Foss 等，1996：239）這對權力關係和諧性的維護雖然樂觀了一點（大多時候權力關係都顯露著緊張、矛盾和不協調現象），但不朝著這個彼此都該認可的權力機制去謀畫，誰敢保證靈界存在體對現實中人的直接支配或現實中人對靈界存在體的間接支配有合理行使的一天？尤其在可感知的範圍，盡是疆域化的權力支配形式當道（也就是現實中人和靈界存在體經常各自單向或雙向的糾結同夥、劃定區域而封閉式的行使權力）、甚至不惜搶奪追隨者（有些人改信仰，約略就是屬於這一類的被爭搶者）或籠絡可利用者（有些鬼靈升格為神的，除了是自我條件特優轉致，不然應當都是隸屬這一類的籠絡者）或強為拱出共主（有些人試為供奉特定鬼神終而成真，彼此一唱一和而雄霸一方），如果不預設這樣的「相

互性」合理支配的遠見，那麼一個個權力團體又如何翻轉激盪成為具有創發力的先鋒（更別說要跨界或跨域去跟別的權力團體對話合作了）？

後者（指讓相關的權力行使在消極面上不會腐化和濫用等），也有一個後現代式的解構觀可藉來參考自惕：「（有些人利用特殊論述）以遂行他們奪取權力和控制人類生活的目的……但權力本身並沒有什麼可恥，一般人生活在權力之下也沒有什麼可恥；可怕的只是腐化和濫用的權力。」（吳敏倫編，1990：105～107）此一淡化權力的嚴肅性及其退卻獨攬欲求的觀念更新等，就是告訴人要不斷分享權力以及容許他人對諍權力，以便能夠維持靈活權力或善使權力這個稱得上是「最佳的權力狀態」。而以這些來相衡兩界相關的權力行使，也合該是得仿效而別無更好的選擇了。

先前提過權力對大家來說是不可或缺的（詳見本章第一節）；但在這一「權力儼然是生活最真實的形式」認知以外，也許還得再深入一點體會權力的附加價值，才算是對權力有了全面性的掌握。所謂權力的附加價值，包括導致物質需求和精神需求的滿足（前者如獲得財富和地位等；後者如獲得尊嚴和名譽等）以及可以帶給某些性格特殊的人一種心理上的補償（如有自卑感的人，擁有權力會使他產生優越感；又如缺乏安全感的人，擁有權力等於獲得一副安慰劑）等（劉軍寧，1992：72～74）。這是人所以著迷權力的特為深層的原因。倘若把這一點移後再結合上深具後設質感的文化修為，那麼整體上就更值得稱道了。大家知道文化修為可以成為一種理想（權力只是現實的生活方式），但這進一步的攝取自期卻得跨越到各文化系統的衡酌判別階段才能順利定案。

從歷史的角度看，世界現存三大文化系統都嚮往著向外傳播以取得影響或支配優勢，顯示三大文化系統都具有宰制潛質。而該宰

制潛質的強弱，依次是創造觀型文化（自比上帝統治他人）、緣起觀型文化（引人向佛）、氣化觀型文化（引人合道）。這樣的權力伸展形態差異，可以從比較中了解它的緣由所在。也就是說，創造觀型文化所崇仰的上帝，在不自制的情況下會一轉變成人人都以上帝第二自居（Reinhold Niebuhr，1992：58）。這從宗教改革後新教徒極力於締造現世的成就以榮耀上帝（並期待優先獲得上帝的救贖接納）開始，就露出端倪了（Max Weber，1988）；爾後為了擴大在現世成就的範圍，進一步掠奪他人的資源（藉以壯盛自己），而造成以資本主義（自由貿易）為名進行剝削、壓榨和宰制他人的殖民主義事實。殊不知其他地區的人並不崇尚上帝，也不時興戲天役物（以顯示特能領會上帝揀選自己來塵世的用意），為何要被強迫接受這種宗教信仰及其相應的觀念？而當其他地區的人不願接受時，就忿而以武力相向？事實俱在（呂大吉主編，1993：681）：西方國家早期靠著強大的軍事力量征服別人，後來又藉著政治、經濟、社會和科技的優勢侵略別人（Samuel P. Huntington，1997；Noam Chomsky，2003；David Held 等，2005），這前後一貫的表現所帶給世界的衝突紛擾、殖民災難和生態破壞危機等，無異要將人類逼向絕滅的境地！

　　相對的，緣起觀型文化所崇仰的佛境界以脫苦為終極目標，它不會像創造觀型文化那樣張揚跋扈且遺害無窮；但由於佛境界被認為是可以證悟的，所以它不免也要相當積極地收服信徒（如今才會一樣的傳布至五大洲）而顯現出僅次於創造觀型文化所見的權力欲求。至於氣化觀型文化所崇仰的道只是一個自然氣化過程或再衍生為一種「自然之理」，它只能引導人去體道合道（而無法像創造觀型文化或緣起觀型文化那樣勉強人改信上帝或皈依佛）；而這種引導法本身是不帶強迫性的，以至它所內蘊的權力支配欲是最弱的。但不論如何，在面對未來人類即將遭遇到的強勢文化質變可能造成更為

深化的衝突紛擾、殖民災難和生態破壞等困局，一種可寄望也得寄望的非凌越壓迫式的文化理想（詳見第六章第三節），勢必要有人去承擔起來，並且期待兩界都能夠比照而致力於新氣象的開展（周慶華，2006a：279～285）。所謂所內紬「靈異語言權力學」（「靈異語言的心理和社會因緣」核心或隱版面向）的未來走向，大約就是將這種深具後設質感的文化修為推向臺前所成就的，應該再也沒有比它更能盛稱「最合適模樣」的了。

第六章　靈異語言的歷史文化背景

第一節　靈異語言的歷史文化性

　　晉中階段的「靈異語言的心理和社會因緣」一環已經可見靈異語言的更深精神性，再來就要沿線縱入透視「靈異語言的歷史文化背景」此一靈異語言的最深精神性。這仍是「再延伸出去為它支架築牆覆頂」（詳見第五章第一節）的範圍且屬學科本身完構的末端工程；而同樣依理也當有「靈異語言的歷史文化性」、「靈異語言中的世界觀分疏及其問題解決」和「靈異語言所該力爭的合作致勝遠景」等分項可以討論。此外，它在建構靈異語言學的部件上所擬比於現實學問中的歷史學／文化學（以文化學為主）等理論框架，自然得有相關方法流程藉為使用，這就不必力陳了。現在依順序就從「靈異語言的歷史文化性」開始談論。

　　歷史文化背景是外在機制的縱面，它比心理／社會因緣該外在機制的橫面更加深廣的制約著靈異語言的運作（在發訊者尚未自覺的情況下。詳見第五章第一節）。換句話說，所有靈異語言的發訊都是帶有歷史文化性的（不論發訊者在自覺的情況要如何更換所屬的統系）。此歷史文化性乃因在時間沈積中形成而連帶稱名，如果不計較有什麼階段差異，那麼逕取文化性來標榜也未嘗不可（此刻歷史性就暫且讓它隱形存在）。這麼一來，沒有不具歷史縱深的文化性和實理上沒有不被文化潛浸或模塑的歷史性也就得相涉或辯證的結合在一起了。而為了簡省程序，不妨直接以文化機制來領銜，並且據理鋪展靈異語言得自它所顯現的深著風貌。

　　在形上理則上文化成為機制並使靈異語言也沾染它的質性（據此稱為具文化性），這是兩界互相通貫的必然結果。因此，解得文化

一理，也就兩界同被義蘊而不遑再去區分非正當的異趣。比較可慮的是，文化有立名及其賦義的難可周延性，使得歷來迭見爭議（Charles Jencks，1998；Chris Barker，2004；Jeff Lewis，2005；Richard Caves，2007；Fred Inglis，2008）而不免會影響到此處的論說。解決的辦法，則在於重設或取證一種可能的通見（具備充分的解釋力），以便議題能得著有效或足夠的演繹。而這乃將文化用來指稱「人類展現創發或研練的成果」（有別於純生物性的存在）且權為收攝論者所作包括終極信仰／觀念系統／規範系統／表現系統／行動系統等五個次系統的區分（沈清松，1986：24）。當中終極信仰是指人類對宇宙人生究竟意義的關懷而將自己的生命所投向的最後根基（如上帝、佛和道等）；觀念系統是指人類認識自己和世界的方式且由此產生一認知體系和一套延續及發展他們認知體系的方法（如哲學和科學等）；規範系統是指人類依據他們的終極信仰和對自身及對世界的了解而制定的一套行為尺度且比照這些尺度而產生一套行為模式（如倫理和道德等）；表現系統是指人類用一種感性的方式來表現他們的終極信仰／觀念系統／規範系統等而產生了各種審美性作品（如文學和藝術等）；行動系統是指人類對於自然和人羣所採取的開發和管理的全套辦法（如自然技術和管理技術等）（沈清松，1986：24～29）。

　　依此五個次系統的編序，終極信仰是最優位的，它塑造出了觀念系統，而觀念系統再衍化出了規範系統；至於表現系統和行動系統，則分別上承終極信仰／觀念系統／規範系統等。如圖所示：

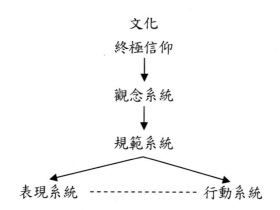

圖中表現系統和行動系統之間並無「誰承誰」的問題；但它們可以互通，所以用虛線連接。如管理技術所蘊涵的政治／經濟／社會等社會工程，跟文學／藝術等表現彼此也能相涉，而有「政治藝術化」和「文學受政治／經濟／社會影響」一類現象的存在（周慶華，2007a：184～185）。

　　在這種情況下，靈異語言和文化關係的顯明化，就是靈異語言進入或被置於文化各次系統發揮或展現了一個正在運作或可被運作的對象。比如說，我在追溯靈異語言的存有性時，終極信仰就可以跟它結合而成一種解釋模式。當中終極信仰所能或所會收攝靈異語言的地方，是它的包蘊性或直貫性：

　　　　接下來我所知道的是，我站在迷霧中，我馬上知道自己已經死了；我死了，可是我很高興我人雖死卻仍然活著……當我的這些感覺泉湧而出時，耀眼的光芒開始由迷霧中滲出。這道光變得如此明亮……這時我好像是躺在這道燦爛無比的

亮光所建構的搖籃裏。(Kenneth Ring 等，2003：376)

像這種瀕死體驗（出體）所遇見帶光體神靈（天使）準接引的類靈異語言，就只有在創造觀型文化中的終極信仰確立後才會如此成形。因為該終極信仰的對象就是光源所在：「起初，神造天地。地是空虛混沌，淵面黑暗；神的靈運行在水面上。神說：『要有光。』就有了光。神看光是好的，就把光暗分開了……神說：『天上要有光體，可以分晝夜，作記號，定節令、日子、年歲；並要發光在天空，普照在地上。』事情就這樣成了。於是神造了兩個大光，大的管晝，小的管夜。又造眾星，就把這些光擺列在天空，普照在地上，管理晝夜，分別明暗」(香港聖經公會，1996：1)。這不但以光是好的來蘊涵所有的靈體都被覆了光以分享上帝的榮耀(Mary Bassano，1997；Lynne McTaggart，2006；Doreen Virtue，2007)，而且還隱喻了該世界的神靈救急（接引）的必然快速（神靈在快速運動中該精氣體會跟空氣摩擦而生熱發光，其他被救急或旁觀的靈體乍看誤以為是光體接近）。相對的，緣起觀型文化中的終極信仰和氣化觀型文化中的終極信仰分別以「佛」（絕對寂靜境界）和「道」（自然氣化過程）見長，相關的神靈在濟渡或庇蔭過程中勢必也如佛／道般穩重或悠然，當然就少了凌空溥光的氣勢（按：這兩類宗教見寄的寺廟，室內通常比較「韜光養晦」，總不及前一類宗教所有的教堂那樣講究「採光生姿」；這或許也可以印證彼此對光／速度的需求不同）。因此，當一些類靈異語言論說不約而同觸及靈體出離後見光體的標榜縷述（以體現一種靈異語言參與或符應文化搏造的模式）(Brian L. Weiss，2001；Douglas De Long，2008；James Van Praagh，2017)，就都可以內通於上帝的終極信仰（周慶華，2006a：205～207）。

至如觀念系統以下的實演狀況，有兩個涉及靈療且間雜類靈異

語言的案例可以藉來一窺概貌：

　　（一位曾任非洲迦納殖民地行政官的英國人，對人回憶他有
　　一次派人去修路，遇到巫師插標幟而停工的故事）他一把拔
　　掉旗幟，順手扔了，然後命令工人繼續工作。隔天他就發高
　　燒，直燒到華氏 103 度，什麼方法都治不好。為了安撫當地
　　人，他送禮給巫師，跟他握手言和。此後，燒就退了。行政
　　官說：「打那時候起，我只要看到標誌，立刻停步，讓他們先
　　跟鬼神談條件。倒不是因為我信了他們那套鬼話。」他一飲
　　而盡，作勢再來一杯，接著說：「只不過不想再發去他的高燒
　　罷了。」（David Fromkin，2000：317～318）

　　1990 年農曆 7 月 1 日的中午時分，是陰年、陰月、陰日、陰
　　時，又碰上雷雨交加……馬來西亞的伐木工人戴進興尿急難
　　忍，他冒雨衝到一棵大樹下小解。恰逢有孤魂野鬼附在樹上，
　　不願返回冥府，而下凡捉鬼的雷神也正好放電劈鬼。戴進興
　　湊巧替野鬼擋了一劈，使得野鬼得以逃之夭夭；而戴進興卻
　　被打散了三魂七魄，從此成了活死人，沒有知覺、理智。後
　　來按神靈的吩咐進行招魂，他才恢復正常。（黎國雄，1995：
　　56）

　　首先是那位行政官被懲罰（類靈異語言）而發燒的現象，它的
接受靈療（類靈異語言）的理路在文化情境中可以標示如下圖：

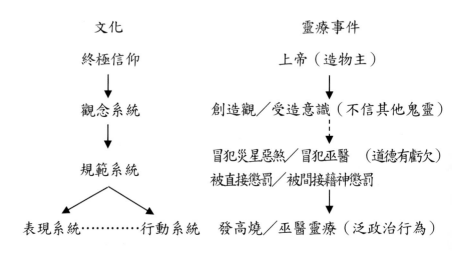

該行政官表面雖然不信其他鬼靈（圖中以虛線連接，表示觀念系統並未下貫到規範系統），僅為他只信單一神的緣故；但他停止冒犯實質上已經等同信其他鬼靈了，所以靈療仍然有效。而這在氣化觀型文化這種泛靈信仰中（按：緣起觀型文化也肯定泛靈，只不過它以逆緣起解脫為終極歸趨，不務此凡俗事，所以此地不舉為證說），就不太可能發生，因為此中人幾乎不會這麼莽撞行事。

其次是戴進興無意中代他鬼受過而遭神懲罰（類靈異語言）的現象（按：文中「被打散了三魂七魄」一語，乃屬混同俗見戲擬，比較正經的講法是當事人整個靈體被雷劈打震出了身外），他的聽從指示靈療（類靈異語言）的理路在文化情境中也可以標示如下圖：

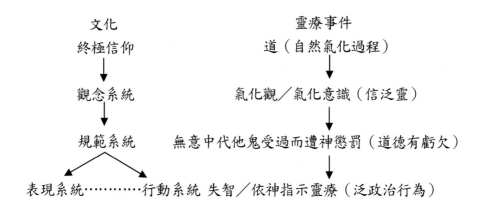

這是信泛靈的必然結果（冒犯和靈療都以信泛靈為前提）。反觀創造觀型文化中人只信單一神，自然就不會相信有他靈從中播弄而必須靠靈療來化解危機（在他們的文獻裏實際上也未見這類被雷殛而進行靈療的案例）（周慶華，2011a：159～160）。

　　顯然兩個案例在行文上已可察覺各有歸屬了，現在再從相關的觀念系統／規範系統／行動系統等去比照定位又更能見著它們內蘊的文化性。而這也使得靈異語言的傳訊規模要在這一文化性加入後才有完整性或極大化可說。特別是終極信仰及其所衍發為觀念系統中的世界觀（另詳後節），二者輾轉在實有質（有別於權力意志的純抽象性）上究極的決定了靈異語言傳訊的事實。如圖所示：

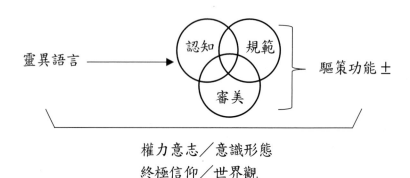

同樣的,從不得沒有終極信仰／世界觀一併先行存在一點來看,這也才是靈異語言交流系統裏的正音。前面所披露的雜音說(詳見第四章第一節),在這一「觀念轉換」中也勢必要從新定位:就是讓雜音說僅保留在靈異語言傳訊的表面層次,內裏層次則得連帶視此終極信仰／世界觀等為正音,彼此准予立於相異視點看覷。

第二節　靈異語言中的世界觀分疏及其問題解決

　　先前說過意識形態是靈異語言實有質判定的深層依據（詳見第五章第一節），其實最深層制約或最優位援引的是文化中的世界觀這種變項（這時要稱它為終極性的意識形態也未嘗不可）。由於它來自終極信仰的衍發且摶造了文化大體上的特色，以至如今世界現存的創造觀型文化／緣起觀型文化／氣化觀型文化等三大文化系統就各自藉它來標記差異（所以不用終極信仰為區分依據，主要是它不好稱呼以及它已內在世界觀中而可以由世界觀「出面打理」）。但也因為該世界觀繼為繁衍出其他次系統而有靈異語言傳訊的出入及其可致疑問題，馴致需要再出「靈異語言中的世界觀分疏及其問題解決」一個子題予以討論，以便承上啟下有序（啟下部分詳後節）。

　　討論這個子題的起點是「靈異語言中的世界觀分疏」，所以在舉證前有必要先針對世界觀本身給予詳盡一點的解繹（才好接著系聯實際靈異語言傳訊的演出情況）。整個理則約略是這樣的：世界觀是觀念系統的核心，它以終極實體的信仰為前提而發展出一套認知體系；而這套認知體系在各文化傳統則有不同的體現。當中創造觀型的文化是緣於相關知識的建構（及器物的發明）根源於建構者相信宇宙萬物受造於某一主宰（神／上帝），如一神教教義的構設和古希臘時代形上學的推演以及近代西方擅長的科學研究等都是同一範疇；而緣起觀型的文化是緣於相關知識的建構根源於建構者相信宇宙萬物為因緣和合而成（洞悉因緣和合道理而不為所縛就是佛），如古印度佛教教義的構設或增飾（如今也已傳布世界五大洲）就是如此；而氣化觀型的文化是緣於相關知識的建構根源於建構者相信宇宙萬物為自然氣化而成（自然氣化就是一個天道流衍的過程），如中國傳統儒道義理的順為施設和演變（儒家注重在集體秩序的經營；道家

注重在個體生命的安頓,彼此略有進路上的差別)就是如此。也正因為有世界觀的先行存在,相關的知識範疇才有可能成形;而所有的靈異語言經驗要歸建為知識領域,當然也得透過或借重世界觀的深為照徹(周慶華,2006a:208)。

這雖然跟第二章第四節所說靈體的存在相似,無法再度深入探它們的源頭(也就是為何有上帝/道/佛等終極實體的信仰發生),但人類一旦深為相信了就會接連造就相關次系統的理念和實務而展演成文化的盛大景觀。至於此中內隱或外煥的系統性差異,則可從所衍發不同類型世界觀的考知來理解。換句話說,古來出現的世界觀緣於有類型上的差異,所以在論述連結時也就會發現這裏頭已經流露出了質量有別的靈異語言經驗。例子如:

> 許多來電者都是童年曾經受虐的成人,而那些已故的施虐者想要有所彌補。在這些通靈諮商中,我會協助客戶和施虐的父親、叔叔、兄弟或是祖父對話。如果我的客戶願意寬恕她的施虐者,祂們的靈體就會離開,由天使或是「另一邊」已進化的摯愛親友陪伴離開……通常她會發現死去施虐者的離開,可以減輕沮喪、焦慮、失眠和過食之類的強迫症狀。(Doreen Virtue,2007:210)

這跟中土社會所見的靈療都是在協商索討者(不論是為索命還是為索情或是為索債)原諒的情況大異其趣。也就是說,中土社會的靈療都是在化解外靈執意於對當事人的索討(紫衣,2007;江敬嘉,2008;沈嶸口述、米蘭達撰文,2009);而西方的靈療則是呈相反狀態,旨在化解當事人對外靈的不寬恕(Sylvia Browne 等,2005;Marilyn Raphael 等,2006;Doreen Virtue,2007),彼此的靈療形式

為一而靈療的內質則南轅北轍。這種差異一樣可以放在文化架構圖來理解：

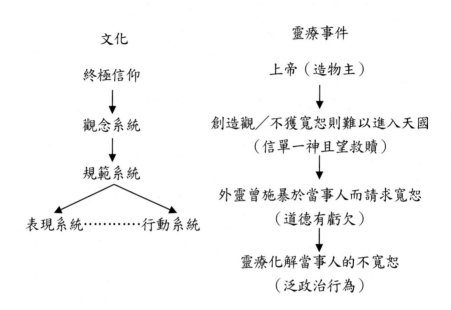

這是西方的狀況：外靈干擾人（類靈異語言）是為了尋求人的寬恕，終極目的無非是擔心無法見容於靈界（得不到上帝的救贖兼受到同儕的鄙視），顯然這完全來自單一神的信仰及其所形塑創造觀的制約。而相同的，靈療也是要從反向去告訴當事人「不原諒他人、上帝或自己，是最常見的身體疾病的根源」（Doreen Virtue，2007：347）。因此，靈療的禱文也就盡在這個關節著力：「聖靈，（客戶名）正經驗到痛苦，他需要你的幫助來療癒帶來痛苦的想法……請修正我們所有的思想好讓他們跟上帝的真理調諧一致。我們請求我們錯誤思想的所有影響，在時間裏被每位相關者遺忘。」（Doreen Virtue，2007：354～355）而這又緣於他們普遍研判寬恕是神性，也是人所能自我

昇華的唯一歸宿。所謂「當你把對別人的寬恕交到上帝手中時，必須了解這不是求祂代你復仇，上帝不會報仇，你所獲得的是平靜，在靈魂深處的平靜，一切只有祂才能給予」(Sylvia Browne 等，2005：127)，就是在說這個道理。而這在中土社會，則因為受氣化觀的約制而走的是另一條路。如圖所示：

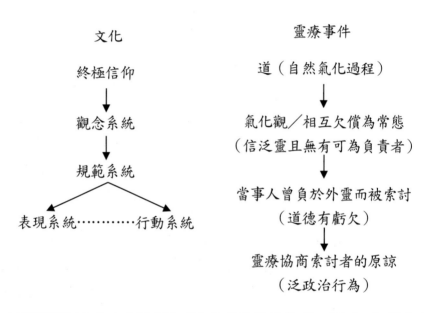

在創造觀型文化中由於有上帝作為最後的仲裁者，以至一切都會去設想祂所准許和不准許的事（即便有少數不信上帝的人，在西方社會中也照樣受感染而比照或擬似行動）；但在氣化觀型文化中，則只有人和眾外靈的關係（人和眾外靈都是精氣，位階相同，差別僅在有的有肉體而有的沒有肉體），並無額外可對它負責的對象，所以一切就但見人和眾外靈的糾葛。而這也釀致氣化觀型文化中人相互欠償且可能任它惡性循環的難以避免性（佔便宜的可以無所愧悔；而

吃虧的不甘願就會索討到底），終究大異於創造觀型文化中人在必須面對上帝時的自制察覺（周慶華，2011a：161～163）。

　　至於接續的討論所要涉及「靈異語言中的世界觀問題解決」，主要是起自在歷史演變過程中創造觀型文化一系逐漸獨大後威脅到整體人類的生存而有必要給予導正所成案的。大家知道，西方歷來所形塑的世界觀，表面上繁複多樣，實際上卻有相當的同質性，就是都肯定一個造物主以及揣摩該造物主旨意而預設世界所朝向的某一特殊目的，如古希臘時代的神造世界觀、中古世紀基督教的神學綜合世界觀和十八世紀以來的機械世界觀等（Jeremy Rifkin，1988：32～35）。這可以統稱為創造觀（神／上帝創造宇宙萬物觀；底下再分三系，是緣於著重點的不同），長期以來它就一直支配著西方的人心，並在十九世紀以後蔓延到全世界〔按：後出的機械世界觀一系，另有從奇異點經大霹靂後才出現世界和別有神祕力量促成世界等異說（Richard DeWitt，2015；Jim Holt，2016；Ronald Dworkin，2016），但因為無法一併解決人何以有意識或思感能力問題而難以普遍化〕。至如東方所形塑的緣起觀和氣化觀等世界觀，則各有特點：前者以為宇宙萬物的出現和消失都是因緣和合所致，並且由此衍生出人生是一大苦集，最後要以去執滅苦而進入絕對寂靜或不生不滅的涅槃（佛）境界為終極目標（施護譯，1974：768 中；求那跋陀羅譯，1974：18 上；鳩摩羅什譯，1974：34 下）；後者以為宇宙萬物乃陰陽二氣所化生（王弼，1978：26～27；張湛，1978：9；周敦頤，1978：4～14），而該能化生的陰陽二氣則是特指流布於天地間的精氣（戴德，1988：508～509；高誘，1978：70；孔穎達等，1982：82），這不無暗示了人也該體會這一自然價值而不必做出違反自然理則的事（道家向來就是這樣主張的；而儒家所強調的道德形上學也無不合轍）。當中氣化觀所指陳的化生事，固然有難以想像的地方（靈體的

精氣性應如第二章第四節所考就的乃個體存在，無從再區分為陰精和陽精且要等二者遇合或交融才成形），但一旦信守者執著此一氣化觀，他就會表現出如中國傳統所見的「為使自然和人性、人和人以及個人和社會之間達成和諧融通、相互依存境界的行為方式和道德工夫」那樣（周慶華，2012a：92），而跟同樣無以證實的神造和因緣和合（及其相應的實踐行徑）等狀況分彆異趨。可見世界觀在終極上決定了相關現實經驗的實質向度（它要嘛是創造觀型的；要嘛是緣起觀型的或氣化觀型的）；而這種情況延續到靈界（或靈界早就有同感），它所要顯現的靈異語言想必也會一致模式而不至於亂套演出。

　　癥結在於靈異語言世界觀在創造觀型文化傳統中的表現卻也逐漸跟同系的現實語言世界觀一樣衍生出了不少的問題。這些問題，在現實語言世界觀方面是以它所影響的民主（屬於行動系統）、科學（原屬於觀念系統後兼發展出技術則屬於行動系統）和軍事／政治／經濟／宗教／文學藝術殖民（屬於規範系統／表現系統／行動系統）等全球化所出現無止盡的征服／殺戮／宰制的人為災難以及迫使能趨疲（entropy，熵）即將面臨界點的空前浩劫；而在靈異語言世界觀方面則是以它跟前者合流的姿態一併挾著傳播的優勢就要左右世人的視聽（而併吞別人舊有的東西），並且還將靈異語言經驗產業化試圖擴大影響力（無理侵佔別人的權益）（Wolfgang Behringer，2005；Sasha Fenton，2007；David J. Skal，2007）。這麼一來，原先所寄望的可以藉由靈異語言學的建構來「使靈異語言經驗成為最新認知的範疇／道德昇華的憑藉／豐富審美的資源」等特為美好的前景（詳見第一章第三節），恐怕禁不起那單一靈異語言觀強為推銷的衝擊而晦暗不已！這樣立即可知所損失的是多樣靈異語言觀原有的知識豐富性及其相關體驗的道德／審美的多元緩衝空間；世人從此

很難期待一個文化公平合理競爭的機會(周慶華，2006a：212～217)。因此，讓另外兩系的世界觀（指緣起觀和氣化觀）重光於世，自然就會改觀而終至有所貢獻於因能趨疲即將導致人類滅絕問題的解決。

第三節　靈異語言所該力爭的合作致勝遠景

　　靈異語言介入或彰顯文化的運作後，就是另一個有關又當如何展衍屬進階課題的開啟，以至所擬「靈異語言所該力爭的合作致勝遠景」一項也就理所當然的要墊末來加以討論。由於這是章內的後設性思議，所以僅能針對高一層次的理路作鋪陳綰結而不便比照前面詳為舉證（具體例證都是在對象性思議時才出示，到了後設性思議階段反嫌派不上用場）。而這有序性的論列，則得從靈異語言文化學此一可能的次學科開始張目。

　　約略的說，從靈異語言被帶進文化機制予以盤點後，就可以預見到一個外部競爭場域的形成；而如今果真應驗且造成文化帝國的靈異語言觀橫掃全球的失衡格局。這種現象的持續發展，一定會讓人更加的不安（屆時強凌弱或弱拒強的惡性循環將嚴重深化權力關係的緊張）。而為了挽救此一下滑的局勢，理當要有一套新的靈異語言文化學來協調改善。

　　先前說過，一個歷史性的生活團體所創造（創發或研練）的文化是發軔於終極實體的信仰（詳見本章第一節），爾後才有文化各次系統的構設踐履。這當中宗教這一可以派入各次系統去談論的組織形式，也是由終極實體的信仰所促成的（由於終極實體已經被宗教所收攝或穩定的內在於宗教的教義中而不別為存在，所以大家就都忘了去分辨它和宗教的先後次序），彼此略有先發／後立的體用關連性。因此，不論該終極實體是一位造物主（神／上帝）還是一種絕對寂靜境界（佛）或是一個自然氣化過程（道），它都緣此而可得出高居根源式的優位性。如圖所示：

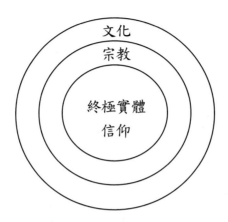

在這個關係圖中，宗教成立後內蘊的終極實體信仰會衍發為文化各次系統，固然不可言喻；但文化各次系統在發展過程中也會反過來對宗教的組織形式有所促進或激勵，而造成宗教和文化在相當程度上會有論者所積極揭露的「相互影響」的事實（Edward Cell，1995；Samuel P. Huntington，1997；Karen Armstrong，2016）。這時為了更貼切表達彼此的關係，就可以將上圖改成：

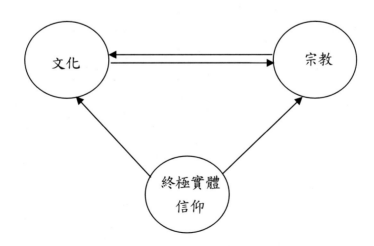

這暗示了一個對文化有使命感的人，只要保有終極實體的信仰（而不必進入任何教派受無謂的制約），同樣能夠參與創造的行列而有相應的成果展現（就是創造出創造觀型文化的產品或創造出緣起觀型文化的產品或創造出氣化觀型文化的產品）。而它的借用原為有神論所專屬的「創造」一詞（Walter M. Brugger 編著，1989：135～136），也就是基於各文化系統都可以有新的東西產生（毋須像創造觀型文化傳統那樣仿效或媲美神／上帝的創新才算數）而姑且予以流用。換句話說，在精取上只須有終極實體的信仰存在（不一定要建立組織化或制度化的宗教），就有可能造成文化的事實。而我們也不妨越過組織化或制度化的宗教，僅憑對終極實體的信仰而參與文化的締造和發展的行列。因此，相關的形式圖就可以增衍為這般：

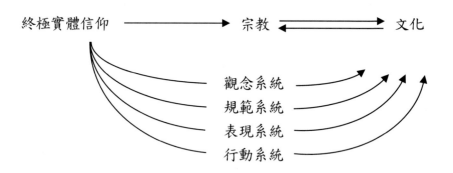

由這個理路持續的的演繹，就是各文化系統的成形。它在第一級次上，有前面一再提到的創造觀型文化／緣起觀型文化／氣化觀型文化等；而各文化系統又可以依終極信仰／觀念系統／規範系統／表現系統／行動系統等分列的方式條理出它們的要點特徵：

創造觀型文化
- 終極信仰：神／上帝
- 觀念系統：哲學（如形上學、知識論、邏輯學、倫理學等）、科學（如基礎科學、技術科學、應用科學等）
- 規範系統：以互不侵犯為原則
- 表現系統：以敘事／寫實為主，擴及新寫實、語言遊戲、網路超鏈結等
- 行動系統：講究均權、制衡／役使萬物

緣起觀型文化
- 終極信仰：佛
- 觀念系統：緣起／性空觀
- 規範系統：自救解脫／慈悲救渡
- 表現系統：不棄文學藝術（以敘事／寫實為主），但僅為筌蹄功能
- 行動系統：行動系統：去治戒殺

氣化觀型文化
- 終極信仰：道
- 觀念系統：道德形上學（重人倫／崇自然）
- 規範系統：強調親疏遠近
- 表現系統：以抒情／寫實為主
- 行動系統：勞心勞力分職／諧和自然

文化

縱然這裏限於體例而不便細為闡述各文化系統的實質內涵，但有關它們的起源、體相和應世向度等都已經加以清晰的勾勒布列（只有觀念系統內最重要的世界觀一項無處單獨凸出著明稍顯遺憾），很足夠據為進一步來思考新科靈異語言文化學的可能樣貌。而緣於這是一種對比或對列式的衡量，以至此套（次）學科也就得有前者的審度成果來作對照引導。

　　情形是這樣的：在各文化系統彼此沒有什麼交流的時代，各自都可以理直氣壯或毫無愧恧的保有自己的一切；但一旦有所友流、甚至相互凌越宰制後，就免不了要大為改觀。而這種改觀，主要是創造觀型文化傳統所自然催生的西方強權刻意要抹平文化差異的妄想所促成的（詳見第五章第四節）；它順勢要營造全球一體化遠景卻無法阻止全面性爭戰一波又一波的開啟（David Harvey，2008；Bruse Schneier，2006；John Plender，2017；Bill Emmott，2018；Marc Dugain 等，2018），已經深深危及其他文化的存在以及鑄下了普世性的資源短缺、環境破壞、生態失衡和核武恐怖等後遺症。對於這個難題，顯然不是（像西方強權所想像的）同化認知結構就能夠一併解決的；它還得回到各自的文化傳統去尋求安身立命以及如何的平等對外慎謀共存共榮的良方（周慶華，2012b；2016b；2019；2020）。於是要比照著來思考的新科靈異語言文化學，就是以這種相互尊重彼此原有的靈異語言觀為最基本的訴求原理，然後才在互有需求的狀況下透過有效的對話來尋求合作共事的方案。前者（指相互尊重彼此原有的靈異語言觀），本來是要求強勢的一方多重視弱勢的一方，但也不能忽略弱勢的一方自立自強志氣的培養以及涵容異質性的靈異語言觀以為因應可能的變故所資；而後者（指尋求合作共事的方案），則是在人類面臨共同的困境而有必要借助靈異語言觀來解決的前提

下（畢竟兩界隨時處在互動的情境中，可以相互借鏡的訊息探得一定有參考到的機會），各文化系統中的靈異語言觀都得有機遇晉級到議事殿堂去被同等的對待，以便能夠適時適地的合謀裁奪而出擊致勝（周慶華，2006a：217～223）。

　　至於此合作致勝的遠景，以當前人類所面對能趨疲即將到達臨界點的艱難處境來看，自然要以化解此一正在造成滅絕人類的慘劇為最優先考量，而它就在一個可稱為特廣包的文化治療的進程上。這是為了延緩不可再生能量達到飽和危機所採取更新觀念且付諸行動的方案，整體的治療方向乃在觀念系統上以「能趨疲觀」為新的世界觀，並且改以「恐懼生態崩毀」為終極信仰；然後在規範系統上極力於「縮諧倫常」，以及表現系統和行動系統上分別「但取和諧優美的表現方式」和「降低再降低對資源的需求」。因此，比照前例，儼然可以發展出能趨疲觀型文化而實際演為五個次系統。如圖所示：

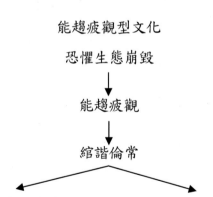

能趨疲觀型文化

恐懼生態崩毀

能趨疲觀

縮諧倫常

但取和諧優美的表現方式 ------------ 降低再降低對資源的需求

很明顯的，這裏「降低再降低對資源的需求」是取緣起觀型文化式的文化治療所重視的；而「縮諧倫常」和「但取和諧優美的表現方式」等，則跟氣化觀型文化式的文化治療所有的同一歸趨；至於「能

趨疲觀」乃創造觀型文化式的文化治療內蘊的必須自我退卻後所孳生的（因為該熱力學第二定律熵也是醞釀自西方世界，創造觀型文化必須反向而行才會跟它相應），合而展現一種非割裂式整體文化治療取向，並且從新以「恐懼生態崩毀」為終極信仰所在（周慶華，2012b：204～205）。此刻，所經過淡化的原世界觀，都還在這一新能趨疲觀型文化內部繼續擔任著或強或弱（或正或反）穿梭著力的任務，相關的靈異語言繼起傳訊當然得以它為參考座標，才算精采高價而沒有枉費。

第七章　靈異語言學在後全球化時代所能扮演的角色

第一節　靈異語言學在後全球化時代的位置

　　從「靈異語言的基本認知」到「靈異語言的物質性及其被使用情況」到「靈異語言的表義過程和訊息交流」到「靈異語言的心理和社會因緣」到「靈異語言的歷史文化背景」等一路論述下來，已經充分體現了靈異語言最基本的可以作為論述對象而成就「一門新學科」的價值；而這跟世學中每一種學問對象所具有知識材料的價值是一樣的。縱是如此，靈異語言這個對象經由前頭多面向或多層次的掀揭析辨後，又隱隱然感覺它還有更在知識材料之上的特殊價值。這種價值，可以反過來促成世學的轉向（一方面從新思考靈異語言學的位階；一方面則引為自我調整視野或知識向度）；以至最後還得有比擬其他試圖通向神秘領域的跨界性學問（阮茂森，1979；劉清彥譯，2001d；丹尼爾，2005）來整體觀照靈異語言的深層功能。因此，「靈異語言學在後全球化時代所能扮演的角色」一章的訂定及「靈異語言學在後全球化時代的位置」、「靈異語言學為普世可欲的價值」和「靈異語言學為超普世可推廣的價值」等細項的擘分，也就有在完成靈異語言學的末端工程後再多一配備以為增價的意義。現在就要從「靈異語言學在後全球化時代的位置」一項破題，來帶出它事屬普世／超普世可欲／可推廣的價值。

　　一般所說的價值，根據先前所述它在存在方式上約有依附於具體的事物（如食物和風景等）／抽象的關係（如倫理道德和禮法制度等）／主觀的創意和想像（如和平、民主、巫術和宗教等）等多種情況（詳見第二章第三節）。這裏將此架構挪來框限靈異語言，自然也可以使它成為可欲的價值和可推廣的價值。前者（指「可欲的

價值」），是指倘若它有「具體的事物」（如神跡／鬼影／物魅等所顯現的靈異語言或類靈異語言之類），那麼就可以被認定為有感駭人的價值；倘若它有「抽象的關係」（如神鬼助人或神鬼操縱人所顯現的靈異語言或類靈異語言之類），那麼就可以被賦予權力折衝或平衡權力的價值；倘若它有「主觀的創意和想像」（如人藉儀式溝通鬼神或鬼神藉符號傳遞意義所顯現的靈異語言或類靈異語言之類），那麼就可以被創意／想像出神奇媒介的價值。而不論如何，它們都會跟世俗事物一樣撩動人的情緒而生起愛欲執著的心理（甚至在某些時候它們還更有吸引力），使得「可欲的價值」的命題終於可以成立。後者（指「可推廣的價值」），是指它雖然也不脫離權力意志終極性的制約（也就是推廣靈異語言經驗與否，最終是要依權力意志的動向而定），但它潛藏的可能精義或文化特色卻隨時都可以改發掘而著為一種價值典範。而這種情況的深入一層思維，就到了後設靈異語言經驗的階段，它更要確定推廣本身的形式或向度。如中國在上古時代流行的一種「天人感應」式的祈雨儀節：

> 古人的祈雨典禮一般在山林裏進行；因為山林裏常可看到雲飄氣蒸，他們就以為雨是由山神掌管著的……按照天人一體天人相應的生殖觀，男女交媾就能使天地感應，從而生出雲雨來，所以古人的祈雨活動往往伴有性交儀式。這在古代文獻中是有案可稽的。《墨子·明鬼下》：「燕將馳祖。燕之有祖，當齊之社稷、宋之桑林、楚之有雲夢也，此男女之所屬而觀也。」……「屬而觀」就是交合玩樂的意思，這樣的地方正是祈雨的所在。（楊琳，1994：20～21）

這種感應有效所顯露的類靈異語言性，在秦漢大一統形成後就不見

了〔春秋戰國時代諸侯轄地小，國君方便率領男男女女到山野集體交媾以感動或誘使天上諸神勤聚雲氣降雨（按：上引文中推測山神掌管雨，不大可信。從氣化觀的角度看，純精氣的神靈一起交媾呼應，才能翻雲覆雨；而古人選擇山野有雲氣的地方辦事，只不過相信那裏有較多神靈聚集而已）；秦漢以後，每逢乾旱四起，皇帝不勝祈雨，只得望著廣大的幅員而興嘆，早期有的祈雨儀節也就失傳了〕。但這種「天人感應」觀還是保留著；只是一轉變成「災祥符應」一類的純道德教訓。這在董仲舒的《春秋繁露》和王充的《論衡》中（董仲舒，1965；王充，1978），都可以見著當時人思慮的遺跡；以至後人解釋《史記・孔子世家》所記載孔子緣於父母「野合」而生一事就僅能望文生義了。也就是說，野合就是在野外交合（不論孔子父母是私自在野外交合還是應國君邀約與會在野外交合），而不是那些從來沒有機會經歷或見識的注家所說的孔子父母「老少配」不合世俗禮儀那種情況（瀧川龜太郎，1983：743）。這跟西方以前也有在播種後的農地性交以祈祝豐產的習俗（O'MARA Foundation，2005b：49）可說是異曲同工（一個意在感動神靈；一個意在激勵物靈），都可以稱得上善擬「靈靈相通」的情事（雖然西方人「只知其一不知其二」）。因此，從新正視這種曾經有過兩界和諧融洽的相處模式並試著予以擴大層面（不限於野合那種作為），豈不具有高度博通關懷上的意義而值得大家廣為踐行？

　　所謂靈異語言（經由靈異語言學掀揭後）的價值，就顯現在靈異語言是可欲的／可推廣的等兩個層面上（縱然它是本脈絡代為勾勒）。可欲的價值，主要是針對「對象靈異語言經驗」而說的；而可推廣的價值，則主要是針對「後設靈異語言經驗」而說的，它們合而構成了靈異語言價值學此一次學科的雙翼。而我們就無妨乘著這雙翼，翱翔穿梭在靈異語言的世界去深為體會靈異語言所帶給人震

撼、奇妙和啟示等種種異樣的感受（周慶華，2006a：287～292）。

　　即使如此，靈異語言學所帶出靈異語言這些可欲／可推廣的價值還得把它置於當前的情境「冀望有所發揮更大功能」為理該的期待。畢竟現今我們所面對的是一個創造觀型文化獨大且橫掃全世界後所嚴重呈現意義真空的時代（其他兩系文化都被迫或自我退卻迎向它參與耗用地球有限資源行列而致遭禍害深廣），活路顯然要被阻絕殆盡（因為有能趨疲危機橫在眼前），再不試為突破，恐怕就得陷入萬劫不復的境地！而這一部分，自以推進到後全球化時代為所計慮。原因在西方人所主導全球化的人口／金融／資訊科技／商品等流動現象的全球化風潮，在歷經幾個世紀的衝撞後已經快到強弩末端了。而當今許多綠能經濟的倡議（Auden Schendler，2010；Joel Makower，2010；Fred krupp 等，2010），以及諸如中國、印度、巴西和非洲等的崛起（James Kynge，2007；Aaron Chaze，2007；Vijay Mahajan，2010；Larry Rohter，2011），不啻在預告全球化必須走向下一步後全球化了。只不過綠能經濟所強調的再利用和開發新能源等觀念和作為，僅是轉成綠色資本主義仍為老套，並非真有助於終結能趨疲的危殆；而第三世界的崛起，儼然一切以重構文明或再造文明的新意識在主導經濟和科技的運作（背後全然是西方跨國企業在操縱進程），但情況卻無法這麼「樂觀」，因為西方強權所帶動的全球化就要窮竭地球資源，第三世界崛起除了拾人唾餘，還得分攤環境破壞和生態失衡等後果（Erik Loomis，2017；Stephen D. King，2018；Zygmunt Bauman，2018），根本沒有任何遠景可以期待。因此，所謂後全球化的後，它的意義就得越過這一新經濟和西方強權轉弱的假象而從逆反全球化來確立。

　　逆反全球化，在現前已有遍布於世界各地的原始主義（返回未有全球化時代）、社會改良主義（主張在發達國家和發展中國家之間

建立一種平等互利的關係)、民族主義(反對西方文化的入侵和普遍化擴張)、原教旨主義(想透過自己所認同價值觀的普遍化擴張來對抗西方價值觀的普遍化擴張)和馬克思主義(要打破資本主義一統天下的局面)等在策畫行動(汪信硯，2010)，但實際上它們被操作時僅是消極抵抗或不附和而未能極力批判，到頭來都成了全球化的組構成分而欲後無由。終究全球化背後的資本主義邏輯和軍事／文化殖民的征服等因由，才是當中的關鍵，反全球化就是要以它為對象；而如今所見的相關作為卻都是以另起類似的因由在籌謀對策，自然罕有成效可說。因此，只有徹底逆反全球化，才是大家能夠繼續在地球上存活的唯一保證(周慶華，2010；2012b；2016b；2017；2020)。

　　基於這個前提，後全球化必須有周密且強而有力的思維來領航，以便人類知所從新安頓生命和永續經營地球等，開創性自是此中最大的期待。而靈異語言學掀揭靈異語言諸般理則的價值估定，顯然也要從它在後全球化時代所可佔居的位置予以彰明，而這已可知的，是它應該在後文化治療上擔任補足文化治療所遺罅隙的任務。這是說正起因文化治療要通貫於靈界(詳見第六章第三節)，所以它得保留某種程度的治療方式給靈界參與，並讓靈界來總綰現實界所不能的懲罰機制。後者乃指凡是啟導無效所造成環境破壞／生態失衡以及種種禍害後果的，靈界就該涉入而進行終極的仲裁，以維護一定的秩序和平和(向來大多只見零星行動而不夠規模)。這一向較少被估算進去的高級控管(超出前面常敘及的生死簿轄治的範圍)，現在就得從新考慮且賦予深層警戒的功能。只不過這部分多半無以測度(只能依理中合有計入)，馴致只好透過「兼行視野」的提示，希冀在一番文化治療理論的宣達後，再推出這個必須連帶靈界一起發用的後文化治療論述(周慶華，2012b：273～274)。

　　根據前面各章所述，我們早已活在兩界相涉的關係網絡裏；同時所有現實界的知識／道德／審美觀等感應，也都必須要相通於靈界而取得新的進趨憑證，才能確保它的可信度。而這在文化治療方面，也因為基於我們對靈界的試為了解而開始另一階段的活絡化。換句話說，只要知道橫通於靈界，就可以促成文化治療的極大化。只是這種極大化還在預期推動中，它的完成仍有不可知或不確定的變數，所以僅據衡量全局的狀況而有所相通已摹擬的文化治療方案，姑且取後文化治療作為承繼的標誌而予以期待（周慶華，2012b：289）。這也就是靈異語言學在後全球化時代所該也是所能佔定的位置，先前各章節所論述的都不妨匯聚到這裏來「依其所長」強為發揮作用。

第二節　靈異語言學為普世可欲的價值

　　既然已經知道靈異語言學在後全球化時代所能扮演的角色，那麼它的功能性就從可作為普世可欲的價值和超普世可推廣的價值兩方面來顯現；而依論序所訂節次「靈異語言學為普世可欲的價值」就得先行鋪陳，以見靈異語言學在後文化治療要務見許上如何的由它半為擔負。

　　這點不妨從第五章第一節所引行為心理學命題「如果做某件事得到鼓勵，那麼做這件事的次數就會增加」成就的相關事件的演繹論證看起：依理靈異語言學所述靈異語言在接受上也同樣具有類似的理論基礎（解釋法則），它就以底下這一論證為隱然可察覺的邏輯形式：

　　　　一種鼓勵對個人的價值越高，那他採取行動取得此一鼓勵的
　　　　　可能越大。
　　　　在某一情況下，靈異語言的接受者認為靈異語言的接受有很
　　　　　大的價值。
　　　　所以他會採取行動來從事靈異語言的接受。

裏頭所能找來保證靈異語言的可欲價值的東西，就是「某一情況」的變數了。換句話說，我們要為「某一情況」找到什麼樣的變數，這個論證模式才能重演，那就是接下來所要面對的一大考驗。而這得以靈異語言學規模的對象靈異語言經驗來作試煉，並且要據為推測它的價值可欲是具有普世性的（靈異語言學本身也因此隨著而備有普世可欲的價值）。

　　此地所說的對象靈異語言經驗的對象性，是比照語言哲學中的

對象語言或第一層次語言（object language）而定位的（何秀煌，1988：13）；也就是本脈絡一再提到的靈現異象／感靈駭異／神靈怪異等所伴隨語言此一實指對象。這些伴隨靈現異象／感靈駭異／神靈怪異等對象靈異語言經驗所以有可欲的價值，我們所能想到最切近的理由也是它的殊異色彩接受足以如第五章第一節所示能藉為謀取利益／樹立權威／行使教化等。這樣有關謀取利益／樹立權威／行使教化等，也就是「某一情況」我們所可以分別為它填入的變數。整個的邏輯形式是：

> 一種鼓勵對個人的價值越高，那他採取行動取得此一鼓勵的可能越大。
> 在可以藉為謀取利益或樹立權威或行使教化的情況下，靈異語言接受者認為靈異語言有很大的價值。
> 所以他會採取行動來從事靈異語言的接受。

這個演繹論證所會遭到反駁的地方是，不認同的人也可以構設一個以「在靈異語言無法藉為謀取利益或樹立權威或行使教化的情況下，靈異語言接受者認為靈異語言沒有什麼價值」為小前提的論證來反推靈異語言的不值得接受。但它的無從舉例的弔詭性（也就是反對者都陷在「既能述說靈異語言如何如何卻又否定靈異語言」此一自我經驗淆亂的泥淖中）（周慶華，2006a：107～112），最後還是要讓位給前者而保障了靈異語言的價值認定。而其實，混合在這些謀取利益／權力權威／行使教化等變數思考中的還有一個「確立主體位置」此項更具普遍性的變數。就以英國漢普頓王宮鬧鬼事件的類靈異語言經驗為例：

> 根據西方媒體 2003 年 12 月 20 日報導，素有「鬧鬼道統」的
> 英國漢普頓宮在耶誕節前夕再次出現「魅影」，而且這一次
> 「證據確鑿」：日前，漢普頓宮的保安監視系統首次拍到了一
> 個身穿長袍的「鬼魂」在宮中出沒……還有很多女性遊客在
> 這裏特別容易頭暈和昏厥，這些傳說更是讓這個「鬧鬼」的
> 王宮更增添詭譎的色彩。（O'MARA Foundation，2005a：14～
> 16）

在觀看這樣的類靈異語言現象報導過程中，我們所感興趣的不僅是
「那件鬧鬼案子又如何如何」的了，而且還會反轉來警覺自己周遭
環境的異樣變化而開始關心起「你家／我家／他家也會鬧鬼妨礙人
生活嗎」的麻渣問題（更別說另有「為什麼會鬧鬼」以及「如何停
止再鬧鬼」等一系列越加煩人的棘手問題等著去追究）。依此類推，
其他的類靈異語言事件也都會循著這樣的模式進駐我們的世界。而
這不啻充分顯示了靈異語言（或類靈異語言）隨時都在引發我們思
考「誰才是主體」的課題（周慶華，2006a：295～296）。

　　此類主體確立所訴求的主體性，不論涉及的是心理主體式的還
是社會主體式的或是文化主體式的，它都以散布或流動的方式在靈
異語言世界裏尋求自我的位置（避免迷失自我後什麼也做不成）。也
正因為這樣，所以在論述時就難以將它理論化。此刻提出來，除了
說明它的存在，也藉機印證一下靈異語言的價值性。這種價值性，
會不斷地以相互主觀性的標誌從普世都可以認同的靈異語言關生的
氛圍裏去凸顯。也就是說，世人縱是不會一致的如數接受各種靈異
語言經驗的經驗性，但作為一個必要防範靈異語言無謂越界的心理
建設者，在相當程度上都會一起致力於成就對象靈異語言經驗的普
世性價值。至於當代西方強權嘗試將靈異語言經驗產業化（詳見第

六章第二節），以體現靈異語言經驗也有一如經濟作物般的價值，則又是上述謀取利益／樹立權威／行使教化等欲求兼取的極大化表現它使得靈異語言的價值愈來愈向物質性地界傾斜；這雖然有值得大家憂心的地方而不免要亟於籲請靈界介入仲裁舒緩（一如前節所論那樣），但它在並證對象靈異語言經驗的普世性價值上卻毋寧成了一大助力（周慶華，2006a：296～297）。

　　上述這一情況的持續性推衍，顯然就到了前節所指出可援為從事後文化治療的必要證成上。我們以橫通於靈界所可以達致的效應來看，它在文化治療上所希冀於靈界配合的，也是像本脈絡所力主的能趨疲觀型文化式的文化治療那樣，並未考慮再闢途徑；但因為靈界不是一個全然可以掌握的對象，它究竟是怎麼在布局運作的我們並不太清楚，致使只能以「應該如此」或「寄望如此」而將文化治療推向有靈界參與的後文化治療，它可能會有我們所意想不到的演出成分。至於這一推向有靈界參與的後文化治療，根據前面所說的人死靈體不滅，而不滅的靈體又有可能轉生現實界，以至在地球這一相對封閉的系統內「生生相續」就變成一種常態（詳見第二章第一節）；而這種常態在質能不滅的類比下，現實界人口多了，靈界的純靈體就少了，從而造成兩界的失衡。而兩界失衡的結果，無異就是耗能太快以及災難不斷。這除了人得自我憬悟而趁早節制，靈界也應該有相應的對策，才能免於大家步上能趨疲末路的危機深化。而這所要縮結為後文化治療的，就是促使那管控機制立即採取行動。

　　縱然如此，在這個過程卻還有一個問題要解決，也就是為何擁有主導權的靈界會縱容生靈這般的奔赴現實界而最後又把現實界搞得烏煙瘴氣？對於這個問題，有人引古希臘神話中的「潘朵拉的盒子」作為思考的出發點，但卻難以令人滿意，因為原故事是說：

天帝（宙斯）為了懲罰獲得火種的人類，決心向人類施行報
復，命令火神創造了人間的一位女人（潘朵拉）……潘朵拉
下凡那天，天帝贈給一個寶盒，就是 Pandora's box。盒內所
藏並非金銀珠寶，乃是加害人間的災難和不幸，如貧窮、疾
病、瘟疫、戰爭、天災和死亡等，使人類永不得安寧。天帝
再三告誡，萬萬不可打開寶盒。潘朵拉最後無法控制女性的
好奇心，終於打開了盒子，結果肆虐人類的災殃一湧而出。
驚恐之餘，她趕快關上盒子，所幸留下了希望。從此大地變
得多災多難，但人類卻能歷劫無數而不屈不撓，乃因有一線
希望存在。（關辰雄，1996：4）

而這在論者所看到的，包括從農業發展所衍生的弊端（如增多且集
中的人口，促使城鎮、制度、階級、國家和軍隊的額外建置；社會
財富的累積和分配不均，造成搶奪和防衛的爭戰不休；人畜的親密
接觸和人口的密集，演變為傳染性疾病增多等）、近代工業革命後所
造成的後遺症（如窮竭資源以及對煤、石油和天然氣等化石燃料的
依賴所釀致的全球暖化等）和現代社會所製造的問題（如高熱量但
營養不足的垃圾食物充斥，普遍靜態的工作和娛樂形態，使人體重
增加，並出現糖尿病、心臟病和高血壓等慢性病；全天候的人工照
明，無所不在的背景噪音，以及如影隨形的工作壓力，讓人焦慮、
失眠甚至精神異常；理性科學抬頭，造成傳統神話式微，以至有基
本教義派的反彈和恐怖主義的猖狂等）等文明（文化的同義詞）崩
壞衰頹的現象，以為它大概是被開啟的潘朵拉的盒子（Spencer Wells，
2011）。但裏頭卻也存有不幸人類唯一的憑藉「希望」：

在人類面臨歷史關鍵的此時，由生物和文化的不相容所造成

的問題，我們已擁有部分解決工具：想要拯救自己，代表人
類要接受而非壓抑人的天性；代表要從新評估人類文化對擴
張、佔有以及完美化重視……這麼做，或許能讓人類撐過接
下來的兩百萬年。（Spencer Wells，2011：313～314）

這裏所隱藏的問題，就像源自希伯來宗教的西方一神教所相信上帝
造人卻無法把人造的完美情況一樣（Friedrich W. Nietzsche，1993；
Leszek Kolakowski，1997；F. M. Wuketits，2001），都無從理解靈界
為何要如此安排；並且對於非西方社會中人同樣被鼓勵（甚至被威
脅利誘）參與耗能行列又要如何解釋它的可能性，也沒得從該倖存
的希望找到答案。更何況現實界不斷地擠進這麼多人（已達七十多
億），這又是什麼希望在誘引著？因此，裏面很明顯還藏有一個黑暗
的區塊，需要從新給它透點光，才能接到所要綰結的後文化治療上
來。

　　這無妨從上述的「管控機制」談起。一般所說的機制，原為心
理學上的用詞。心理學上有所謂防衛機制（defense mechanism），最
早為 Sigmund Freud 所創用，意指個人在應付挫折時為防止或減低
焦慮所採取的各種適應方式（Joseph Rosner，1988：80～82）。而防
衛機制，也被簡稱為機制。只不過在後來的衍義中，機制已被截取
或被專用來代表一種驅動力（劉必慶，1993；汪信硯，1994；王宏
維等，1994）。這種驅動力是由相關的生理或心理機能所制約，所以
機制也就有機能和制約的意思。前者（指機能），代表它能產生作用
力；後者（指制約），代表它在產生作用力的同時也會受到某種程度
的約束。可見這已經有了語意的轉換，而且跟原來的自我防衛意涵
似乎愈離愈遠（周慶華，2011c：120）。因此，此地的管控機制，據
理也是要取語意轉換後的用法，以便一探靈界究竟是如何的在跟現

實界互涉。

　　以靈界必然會對現實界進行管控的情況來說，它的機制性一樣也得處於「它在產生作用力的同時也會受到某種程度的約束」此一彈性境地而無法絕對化。以至我們可以設想：對於當今世界局勢如此不堪而靈界好像還不見什麼大動作來試為緩和，有可能是靈界的管控能力有限；也有可能是沒到容忍的極限而未出手；還有可能是為反向教訓人類的妄自尊大而讓他們自演滅亡（隱含靈界也有陽謀）。因此，機制就真的是機制，它有發揮作用的能力，又有自我不及或刻意縱容的侷限。如果是這樣，那麼這裏所期待的後文化治療就是一種「催生式」的（而不是「俱在式」的）。換句話說，既然靈界未能懲治或要延緩懲治人類的沈淪，而我們眼看此事非同小可，那麼就得鄭重呼籲靈界快點介入以防不測（周慶華，2012b：289～294）。於是前面所說的對象靈異語言的價值性「會不斷地以相互主觀性的標誌從普世都可以認同的靈異語言關生的氛圍裏去凸顯」，這經由靈異語言學揭露後到此地，也就結實的有了著落。

第三節　靈異語言學為超普世可推廣的價值

靈異語言學所揭露對象靈異語言經驗所具普世性可欲的價值（它自身也一併備有此類價值），是次學科靈異語言價值學基本的指標；此外就是靈異語言學跨向再計慮後設靈異語言經驗所可以給次學科靈異語言價值學增添什麼更富意義的裝備了（它本身同樣也一起多了該項裝備）。這種期待的成形，是因為一切如果沒有進入後設思維階段，那麼相關的經驗就無從脈絡化（體系化）而變成一種可以交流傳承的知識。它的重要性，或許能夠藉一個詮釋學的案例來比配說明：

> 大家都知道當初事情被搞砸了……而亞當這個主要被譴責的人，在這則故事中扮演的是個具有高度爭議性的角色。他並不是主動表現出「叛逆」，根本沒有叛逆的膽子；更差勁的是，他在夏娃吃了禁果之後才吃。他（先知道禁令的人）看到夏娃吃禁果之後並沒有當場斃命，甚至連冒自己生命危險都省了。審問時，他也言行不一，這從他有破綻的藉口立即可以看出：「你為我創造的女人讓我……」告發夏娃並且將罪過推給上帝……這整起非常難堪的事件其實都是他的錯。
> （Frieder Lauxmann，2003：196～197）

這個一神教《聖經》裏的「夏娃和亞當偷吃禁果」故事（香港聖經公會，1996：2～3），經過論者這樣的詮釋後，又有了新意：原來西方男性一直要壓抑女性（說她是從男性身上取出一根肋骨造的「位在附屬」；又說她率先違背上帝禁令為「原罪的肇始者」）（MoltmannWendel，1994；Patricia T. Clough，1997；Helen Fisher，

2004），恐怕就跟這一「自己缺乏承擔又怕被揭發而心虛轉蠻橫」的原始情結有關。不論這是否說中了西方男性的心事，它都展現了後設論述成知的功力（也就是倘若沒這樣的後設論述，那麼我們就不知道還有亞當懦弱怕事及其文化性隱喻「這麼一回事」的存在（周慶華，2006a：297～299）。而這也就是接著論題「靈異語言學為超普世可推廣的價值」內蘊需要再推進到後設靈異語言經驗以見精義的原因。

　　相似的，所謂後設靈異語言經驗的後設性，也是比照語言哲學中的後設語言或第二層次語言（meta language）而定位的（何秀煌，1988：13）。它是以對象靈異語言經驗為討論範圍所形成的正宗靈異語言知識的稱呼。而它在呈現的方式上，固然避免不了學科價值上究竟是要中性或規範一類後設焦慮的困擾（Peter Brooker，2003：245～246；傅偉勳，1990：6～7），但以它幾乎穩佔構知最優先或最牢靠的地位一點來說，還是會被轉期待「要有可看性的劇碼搬演」才能使人信服。因此，這裏就順著這樣的理路，姑且以兩個對象類靈異語言經驗來略作展衍相關的後設論述：

> 以「前世療法」聞名的陳勝英醫師，在美國接過一椿「異曲同工」的案例：一名女病人在十八歲時，慘遭「狼吻」而痛不欲生；經過催眠治療之後，竟然發現她前世也曾被同一個人非禮過。受害人質疑道：前世他強暴我，今生應該換成我強暴他啊！為何不是這樣？（柳川俠隱，1998：67）

> 林肯總統把那天他所做的夢告訴他的親信朋友雷門；雷門當晚就一字不改地照錄下來：「……一路走過來，來到東廳，忽然發現一幅令人難受的景象。只見一個靈柩，裏面躺著一具

屍體，穿戴整齊……『白宮裏誰死了？』我上前問一個衛兵。他答道：『是總統先生，他遇刺身亡了。』」這段夢境紀錄之後不過幾天，在 4 月 14 日，林肯總統在華盛頓的福特戲院，被韋克斯襲擊身亡。後來，遺體果然供在白宮的東廳。（Budd Hopkins，2004a：105～106）

這不論是被他人催眠所經歷（催眠所進入夢境乃有外靈協助給訊息），還是自我做夢所經歷（夢中所見情景也是外靈提供），全為靈體流轉會有局部經驗重複的結果。也就是說，前世遭受強暴的女子，如果沒有排除那一經驗的反制力（如喝令強暴她的男子悔過或循法律途徑使對方伏罪矯治而徹底終結他的犯意之類），那麼來到今世彼此仍可能沿例而發生同樣不幸的糾纏事件。至於林肯夢中所見情景，似乎難以看成是前世經驗的重複（因為在他被暗殺前沒有聽說白宮主人有過相同的遭遇）；但我們別忘了，夢中的白宮未必是這個文明時代的白宮，它的重複經驗不知道跨越多少的時空（Graham Hancock，1999；雷升，2001）。因此，所謂的預見死亡，說穿了也不過是曾經歷的事物在夢中被促起記憶重現而已（當然林肯遇刺身亡也可能是新的經驗；這樣他記憶重現的就是別人的經歷，時空一樣在不勝數的世代前）。

　　上述這些經由解釋（成為一種知識）後，就可以藉為擴及到更多案例的理解。至於它後設發用的制高點，則在各文化系統間的權衡定位以及權力意志的介入抉擇等，那就毋須贅述了。所謂後設靈異語言經驗的價值就在這裏；它是超普世性的。換句話說，這種價值是要世人改變相關觀念及其行動後來欲求的；它比對象靈異語言經驗的普世性價值高一層級（所以才稱超普世性價值），是屬於可推廣的價值範疇（本身就是藉論述在推廣靈異語言經驗；而成知後又

可以被據傳流通）。

其實，本論述整體上就是這樣的一種後設靈異語言經驗（後起者不認同也可以從這裏權仿形式新構實質）。在開端所預設的使靈異語言經驗成為最新認知的範疇／道德昇華的憑藉／豐富審美的資源等論述方向（詳見第一章第三節），就是為了形塑靈異語言經驗的可推廣的超普世性價值。而總結來說，這種可推廣的超普世性價值顯現在三個方面：第一是靈異語言經驗和現實語言經驗的交涉互動經過本論述的條理說明，已經可以將它知識化到特為建立起實質性的靈異語言哲學／靈異語言應用學／靈異語言符號學／靈異語言心理學／靈異語言社會學／靈異語言文化學／靈異語言價值學等相關靈異語言學的次學科（形式上即使並未全然標出）；這一材料是靈異語言的而理論形貌則是通於世學的，二者結合後保證了一個差異學門的成立，從而可以新穎大家的觀念。

第二是靈異語言經驗和現實靈異語言經驗的辯證關連性再行擴展到道德層面，整體促動是一個相涉影響力或支配力的回復追討歷程，期待從此不再有集體的道德烏托邦幻想。而在這個基礎上，我們才能分別想到靈體的過渡問題，所有信守者各自去構思必須因應永續經營要求的策略而使現實的道德得以昇華。這時帶進靈異語言經驗而讓它「適得其所」以及多方「發人警省」，也就有正面促進道德發展的作用。

第三是靈異語言經驗和現實語言經驗的交融醞釀促進最貼近或最切合超然神秘質性的是審美體驗；但它從現代以來卻遭遇創造觀型文化所形塑出來美感結構的強勢凌駕而造成其他文化傳統美感結構的萎縮或退卻（周慶華，2005；2007b；2011b；2016a；2019），使得該體驗突然蒙上一層「不得其平」的陰影。因此，為了避免隨審美一體化欲求而來種種不合理的抑制、收編、甚至扼殺等危機，再

從靈異語言經驗著手探索正好可以藉機發掘原先不同審美結構的豐富性（這一美好的想望雖然不便在本論述中詳為多加證成實現，但所論列的各章多少都已內蘊多元審美蘄嚮，假以時日就能夠再董理綜攝完篇以顯成效）。凡是有同感的人，都可以前來鑽研，以體現後設靈異語言經驗超普世性價值最絢麗層面的那一沈甜質感（周慶華，2006a：299～304）。

但也正如前節所述，此一情況的持續性推衍仍然得援為從事後文化治療的必要證成上（以見靈異語言學在後文化治療要務見許上如何的由它另半為擔負）。也就是說，從後設的角度看，縱使有可能發生靈界不參與文化治療而看不出有什麼大損失的情況，但這裏依舊希望這不會是事實，以便能徵得一點助力算一點；更何況靈界的介入通常都是以災難作為警示方式，它的懲戒效果往往比什麼都可觀，因此還是要慎重依賴它來拯救地球的危殆。

倘若說文化治療已經可以確立為能趨疲觀型文化式的治療模式（詳見第六章第三節），那麼後文化治療就是加入了靈界的參與而以著重在懲治層面為本色。這在理論上是如此，但實際上卻會因為靈界僅能以懲治手段來作事後的修補而顯現它本身就有匱缺，致使還得有治本和治標兼顧的策略才能真正看到相關治療的成效。具體的辦法，則不妨規模如下：

第一，在阻止生靈的盲目奔赴一事上，以目前所察見的現象來設想，靈界不是根本控制不了，就是能夠控制而不願控制。如果是前者，那麼它該懲治的因應策略事實上已屬枉然（因為生靈陸續奔赴而讓靈界的懲治疲於應付）；如果是後者，那麼我們就得儘快呼籲它應該在源頭有個了斷，免得大家瘋狂擠進現實界後窮耗資源而難以善後。

第二，透過災難來懲治生靈的逾越分寸上，這是我們可以感知

靈界早已在採行的消極性作法，但有關它的成效卻還要再評估。雖然相對於一般把災難歸咎為人謀不臧或偶發變數而無法再進一步解釋還有誰在背後促使人謀不臧或偶發變數來說，權為許以靈界在扮演環境破壞和生態失衡的補救者總是比較能夠激發大家悔改前過，但關於靈界既然可以將現實界當作試煉場域卻又常懲治不徹底（也就是短暫災難過後人類還是依然故我而沒有一點受到教訓的樣子），實在有必要提醒它該是思變的時候了。

第三，靈界不知是否也有一套教育養成的辦法。倘若有的話，那麼它對於教化生靈不再輕易游走兩界理應扮演更積極的角色（倘若沒有的話，那麼它無疑的要趕緊成立）。我們從種種跡象來看，災難的災難性本身及其透顯的某些神秘現象（如 911 美國世貿大樓被人劫持民航機撞毀在濃煙中有睨視冷笑的鬼臉、臺灣 88 水災時從衛星雲圖可以看到巨靈在上空潑水和 1999 年 2 月 15 日臺中衛爾康西餐廳大火在第一廣場上方出現幽靈船等）（O'MARA Foundation，2005a：64；希拉蕊，2007：96；個人新聞臺，2009），在在呈現了六度空間中的權力鬥爭。現實界中人只要不能仰體平衡重要性的，都會引發這股爭鬥而給自己帶來跟靈界相衝突的張力。由於人多了肉體的負擔，所以在必要抗衡的時刻往往屈居下風，儘讓靈界的存在體取得掌控權；而這一旦人有所失策，那麼該遭受的懲罰也就沒有迴旋的餘地。這也就是災難一再的發生，而人也一再喪生的原因。緣於它的前提是「失衡的焦慮」，以至接著要設想避免災難的策略，也就得從此地開始。這在現實界還沒有機會啟蒙的，靈界就得多擔待一點，把它納入養成教育裏，而使得兩界生靈的自我調節機制形成及早發生效用，且讓物質世界能夠得著生養休息的機會。這是後文化治療的另一項配套措施：一旦教化成功，就可以省去其他的勞力耗費（周慶華，2012b：305～319）。

　　靈異語言學所計慮後設靈異語言經驗要一併推衍到參與後文化
治療的行列（本脈絡已於第五、六章隨機點出而證驗了，此處乃屬
結穴式說帖），它的條陳有道以及自我連同備性等，可說已足夠顯明
為普世可推廣的價值一義最佳或牢靠的見證。

第八章　總結及其前景預期

第一節　一個跨學科的建置完成

　　靈異語言是伴隨靈現異象／感靈駭異／神靈怪異等靈異現象而出現的語言，它以能指涉人所不知的靈界事／己身事／物存事／其他事等大有區別於現實語言為特長，已經自成一個殊異領域。這個領域因為事涉頗帶貶義的神秘性（久大編輯部編譯，1990：179～180），而始終遭受唯物論者刻意壓抑或冷漠對待，使得原也該成為學術追探對象的卻一逕被抹上一層迷霧，從此教人看不清也不敢接近。這當不是我們還要持續保存的知見！

　　正常的情況是，對於這一類未知或有疑義的領域，要像曠古問津人那樣去窮揭底蘊，試著將它理出頭緒脈動，好了卻所謂厚實或膽大做學問的心願。這也正是本論述的著意處。整體的考慮在於：如果說靈異語言的神秘性也是因為它的超經驗特徵而讓人望而卻步，那麼這裏就要反問：「已經驗到的又要怎麼說？」已經驗到了，就不代表靈異語言一樣「真屬神秘」而是有人「誤為神秘」或「故作神秘」。本論述就是在這一早有所片段知解靈異語言的基礎上（不論是我本人的還是他人的），試圖要極大化這種知性談論的範域。所完構的相關概念的分辨、命題的構設和具體推論的程序等，全都鋪陳在前面。這除了有「靈異語言的基本認知」設定，還有為可能進行中的「靈異語言的物質性及其被使用情況」／「靈異語言的表義過程和訊息交流」／「靈異語言的心理和社會因緣」／「靈異語言的歷史文化背景」／「靈異語言學在後全球化時代所能扮演的角色」等組構成分和配備裁製形貌，而依次建立了實質性且為世所罕見的靈異語言哲學／靈異語言應用學／靈異語言符號學／靈異語言心理學

／靈異語言社會學／靈異語言文化學／靈異語言價值學等次學科。而就嚴謹學科所應有從概念設定到命題建立到命題演繹等歷程的內蘊布列，本論述也已自我具足例屬跨學科的建置而可歸結出一個理論架構。如圖所示：

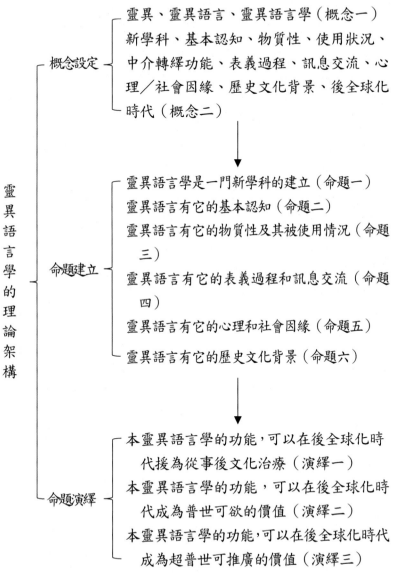

靈異語言學的理論架構

概念設定
- 靈異、靈異語言、靈異語言學（概念一）
- 新學科、基本認知、物質性、使用狀況、中介轉繹功能、表義過程、訊息交流、心理／社會因緣、歷史文化背景、後全球化時代（概念二）

命題建立
- 靈異語言學是一門新學科的建立（命題一）
- 靈異語言有它的基本認知（命題二）
- 靈異語言有它的物質性及其被使用情況（命題三）
- 靈異語言有它的表義過程和訊息交流（命題四）
- 靈異語言有它的心理和社會因緣（命題五）
- 靈異語言有它的歷史文化背景（命題六）

命題演繹
- 本靈異語言學的功能，可以在後全球化時代援為從事後文化治療（演繹一）
- 本靈異語言學的功能，可以在後全球化時代成為普世可欲的價值（演繹二）
- 本靈異語言學的功能，可以在後全球化時代成為超普世可推廣的價值（演繹三）

　　有了這套靈異語言學的理論架構作為依據，對於隨時都有可能出現的靈異語言現象也就不難知道怎樣一一給予有效的解釋。比如說，通靈人幾乎都會表示他常被神靈警告「不可以洩露天機」或在求助者尋求協助時主動回應「我不能告訴你太多事情以免洩露天機遭受懲罰」。這就跟靈異語言心理學／靈異語言社會學等密切相關，而可以用「權力折衝」或「權力支配」的觀念來理解。換句話說，所謂天機不可洩露一類的戒令或託詞，只不過是一個靈隊維護它的既得利益的方式；主導者或受制者在橫向網絡或縱向網絡中運用祂／他們的巧智設計一些語言符號或非語言符號作為傳遞訊息的媒介，並且劃定勢力範圍來阻絕抵禦外來的侵擾或冒犯。因此，天機的機密性就不是什麼大不了的東西；它背後的支配企圖，早就跟現實界的「據地為王」或「結黨營私」的作為在形式上互通聲息了（而被有意無意愚弄支配的人卻還蒙在鼓裏）。其餘的依此類推（並勤於磨練詮解的技能），應該不至於再有道聽途說冒出靈異語言「變化莫測而難以親近」那類自我幼稚的話了（周慶華，2006a：312～313）。

　　事實上，真正的天機（而不是上述那種偽稱的天機）是無從測度的。例如通靈人常會接收到外靈所提供影像訊息（Marilyn Raphael 等，2006；George Anderson 等，2017；郭德芬，2015；陶貓貓，2019），它的來源就一向諱莫如深（也就是有關它的攝製、存處和運用等詳情一概不見披露）。它自當蘊藏一定機制在管控而有外靈可以輾轉取得的途徑。例子如：

　　　有一天，神仙突然哭得很傷心。「怎麼了神仙！」麥克緊張的問……神仙啜泣的說：「我偷接靈界資料庫的事情，嗚～嗚～被發現了，結果被人家狠狠修理了一頓，嗚～嗚～」……難怪神仙算命那麼準，原來是竊取資料……三太子心疼的說：

「以後誰欺負你，趕快告訴我，我一定幫你出氣。還有啊，幹嘛去偷接資料庫，那不是很準啦。人的命運會改變，資料庫只是看個大概，不像菩薩教我的法術，可直接調閱天庭、地府的資料，還能透視人體打開密碼，這樣算命才準啦！」（江敬嘉，2008：39～41）

這不論是正常調閱資料還是異常竊取資料（職權有別），都顯示靈界確有不同性質資料庫的建置；只是關於它的存取過程大概也跟現實界公私機密檔案的長期積累一樣，沒人有能耐或敢逆意全面開講（畢竟它本就是要保密而自有法規在範限）。因此，暫且保留它的可深入探得性，除了莫可奈何以外，還能激起往後有機會再行詳勘的意志，未嘗不是一件好事。

第二節　未來靈異語言學的發展方向

此套靈異語言學作為一個跨界學科的建置完成，已經儘可能照顧到精實學問本身所應有的深廣度，依理在論列上約略是難可復加了；但對於實務仍有甚多未能通透的部分，卻又不免考驗著內蘊理路的可受檢驗性，於是還得有對所需再行擴衍的面向進行一些必要的展望。這種展望，名為「未來靈異語言學的發展方向」，實則要著重在靈異語言規制化的建立。這是靈異語言成學期待達致的特遠程目標（詳見第二章第四節和第四章第一節），也是相通於現實語言可一併邀約共臻勝境的努力鵠的。

為了靈異語言能夠建置成此一可遵循的符號系統，尚待填補的罅隙很明顯有下列幾部分：第一是靈異語言示人所不知的靈界事／己身事／物存事／其他事等最深發處究竟如何，始終還是個謎而亟須加以探知。以目前的溝通管道來看，所見靈界選創而為現實界外發有形的視聽媒介（如咒術／符籙／手印／卦相等）或無形的視聽媒介（如器物／動作／影像／令牌等），已多殽亂而橫生不少枝節（詳見第三章第一節）；而現實裏中介者又常以靈通能卜算自居實為誆騙佔多數（蔣正虎，2009；天空為限，2012；雲鳳先生，2012），它的有效性都在靈界的訊息授予（Sylvia Browne，2005；Marilyn Raphael，2012；江敬嘉，2008；郭德芬，2015；秀慈，2017）。問題是能授予訊息的主導者及其決定過程（如人的命運框限始源和世界局勢的轉折緣故等），至今仍莫明相關的掌控機制。而這在未來深化的靈異語言學研究上勢必要列為首要任務，總得將它的狀況徹底釐清才行。

第二是靈異語言在各文化系統中的差異表現（詳見第六章第一節），暫且如此相信後顯然要再追究的是「交流」（而不說幾乎不可能的「融合」）互信或對諍的問題。比如氣化觀型文化傳統中早就存

在藉由施法而跟死去親友會面的觀落陰（鮑黎明，1998；張開基，2000；伏筆，2007）和創造觀型文化傳統中也早就存在流行替人治癒腫瘤和癱瘓等痼疾的神醫（Steven R. Conklin，2004c；O'MARA Foundation，2005b；劉清彥譯，2001e）彼此固然不可共量（一個相信人死靈還在同個空間而可以再相逢；一個相信人可以得自上帝此一全能者的助力而能夠發揮神效，彼此很難互換），但如果各自試著去鑽研效法對方的靈術（該靈術都有神靈助力，可視為類靈異語言）而期許有成功的一天，那麼相互隔閡、漠視、甚至壓抑排斥的舊習豈不是可以改觀了？又比如先前所舉示氣化觀型文化傳統的靈療是在解決當事人正欠外靈而別為協商更高級別神靈給予外靈某些權益承諾和創造觀型文化傳統的靈療是在解決外靈反欠當事人而直接協商當事人放棄執念寬恕對方（詳見第六章第二節），這明顯也是無法互換的，但我們卻可以進行諭示：在中土給鬼靈承諾／不虧欠周遭人（免得遺害延到另一世）；而在西方則生前就寬恕／不給施暴機會（修養自己，諒對方也會對你無可奈何）。這樣就等於為靈療廣開了一個進階取鏡的途徑，而疏通到了中西方靈療的必要雙雙稱勝點。這些縱然未必會獲得兩種文化系統中的人普遍雅為接納，但從當今世界局勢如此的不均衡發展來看（創造觀型文化太過強霸凌越），直覺就想及這才是改變不合理支配情勢的一種必要嘗試（否則要靠什麼努力才有希望呢）；更何況經過這一差異的反思而能夠深為相互借鏡，至少也化解了一部分跨域不能知曉對方的問題，從而在往後可能協同出擊的時刻有機會發揮作用哩！相關進程式靈異語言學的深化，當然也得在這個層面致力顯能。

　　第三是在後現代／網路時代此一時空不斷裂變以及新的創意不斷採重組加料的方式產生等形塑出的非系統／去中心／超鏈結思潮的衝擊下，既有的靈異語言觀（如本脈絡所條理出來的）不無要大

幅度調整才能從新出發。也就是說，這裏有一個他者所製造的陷件，我們得細察提防無謂的陷落下去。而這要從西方自十四世紀文藝復興開啟人文理性結合十六世紀基督教宗教改革出現塵世急迫感和十七世紀政治啓蒙運動以及十八世紀工業革命等所形成的現代社會說起：西方大約到了二十世紀末（反現代的後現代思潮流行了近半世紀後）開始不斷地呼籲靈性的復歸，以對抗因科技理性（人文理性發達所衍生出來的）過度發展反過來造成人性的扭曲和時代的危機。當中有這麼一段理路：西方社會從現代起放逐造物主而追求自主性，所藉來代替失落終極關懷的是哲學和科學；而哲學和科學到了追求更大自由的後現代也一起被放逐了，人們從此生活在一個沒有深度且支離破碎的平面世界中。為了避免繼續迷失，一些有識之士已經看出必須超越後現代心靈而重返對造物主的信仰，才能挽回嚴重曲徙的人性和化解塵世快速沈淪的險巇（Alan Bullock，2000；Huston Smith，2000；Ken Wilber，2000）。這在二十一世紀前夕，整個人類社會挾著後現代的餘威，更向一個網路時代挺進。這個時代以後資訊為核心，企圖締造一個跨性別／階級／種族／國家的數位化世界，而把人類推向了一個新價值行銷的知識經濟世紀（Manuel Castells，1998；Lester C. Thurow，2000；Sandra Vandermerwe，2000）。但這種更自由化生活方式所帶來的刺激、快感和新浪漫情懷等，卻是以虛無主義為代價的；所謂超越／重返等必要抗拒的迫切性仍然存在。但不論如何，這全是西方人的問題（非西方人原沒有造物主的信仰，自然也就無所謂靈性的復不復歸）；同時舉世所以要面對科技遺留下來的禍害，也是西方人秉持創造觀所一手導演促成的。畢竟信守緣起觀和氣化觀的非西方社會，根本不會也無緣參與這樣自我毀滅的行列（至於非西方社會被收編或被強迫走上西方所走的道路，另當別論）。現在西方人既然一面還在積極的發展著科技，又一面要重揚

人文理性並進而轉為神學時代對造物主的信仰臣服，顯然是一件十足弔詭的事！換句話說，西方人不可能放棄現有的優勢而真正在造物主面前稱臣；他們只要有不退卻的心，隨時都可以無視於造物主的存在或乾脆就以造物主自居而繼續雄霸人間這一權力場域。因此，想要挽救日漸沈淪的世界，就得仰賴緣起觀型文化傳統中人這樣講究無欲或無我的自證涅槃／解脫痛苦的修持和氣化觀型文化傳統中人這樣講究倫常或保生的縮結人情／諧和自然的作為等來對諍扭轉（詳見第六章第三節）。而靈異語言學所對應的兩界互動，也得深為認清這一趨勢而致力於伺機調適和關連偕進，整體上才會有遠景可以期待。

第四是還有一條基進（radical）創新的道路能夠額外保證靈異語言學的超越世學性。以當前的情況來看，靈異語言學根本還沒有萌芽（更別說要超越什麼世學了）；但倘若一起步就躍出基進的姿勢，那麼世學所不能如此突破的地方就會變成需要反過來向靈異語言學取鏡仿效。這一點，我們可以從已經逝世而有基進創思的鬼靈「再現神奇」和隱忍不顯的神靈「重啟新思」以及現實中人勤鑄範例的「反向激勵」等期望促成來另立殊異的靈異語言及其表義方式，以便為樹立新學益加張幟揚聲。雖然這並不能藉來跟第三部分所要因應世局變化而尋得活路的情況相比，但它的創新觀念總會帶來一些不同的氣象；而我們就可能因著有這種氣象的慰藉，從此多了一種洵美的生活（周慶華，2006a：249～253；2011a：164～166；2017：172～182）。

以上僅是舉舉大者，還有甚多細節不及詳舉（包括諸如卡陰、奪舍、借屍還魂、嬰靈、犯太歲、元辰宮、沖煞、祭改、點光明燈、鬼壓床、風水、靈擺、靈視和降靈等內蘊類靈異語言紛擾的從新定位在內）。照理這些細節原也該一併列在研究展望的範圍，但基於論

說總得有個止限前提（不可能見一議題就想加入），不詳舉它們也未必代表不會在往後申論中隨機帶出來處理。現在姑且按耐著，正好可預告尚未發掘的課題也許會超出一己的想像，應當再謹慎小心以對。

參考文獻

丁福保編（1992），《佛學大辭典》，臺北：新文豐。

干　寶（1979），《搜神記》，北京：中華。

大川隆法（2016），《史上最強驅魔寶典》，臺北：信實。

久大編輯部編譯（1990），《越過疆界》，臺北：久大。

王　充（1978），《論衡》，新編諸子集成本，臺北：世界。

王　浩（2004），《神算——中國術數的秘密》，臺北：究竟。

王　弼（1978），《老子道德經注》，新編諸子集成本，臺北：世界。

王　謨輯（1988），《增訂漢魏叢書》，臺北：大化。

王宏維等（1994），《認知的兩極性及其張力》，臺北：淑馨。

王治河主編（2004），《後現代主義辭典》，北京：中央編譯。

王建華（2000），《語用學與語文教學》，杭州：浙江大學。

王章偉（2005），《在國家與社會之間——宋代巫覡信仰研究》，香港
　　：中華。

王福祥（1994），《話語語言學概論》，北京：外語教學與研究。

王溢嘉（2013），《誰伸出看不見的手？：中國人的命理玄機》，臺北
　　：有鹿。

王銘玉（2005），《語言符號學》，北京：高等教育。

王德保（2002），《神話的意蘊》，北京：中國人民大學。

丹尼爾（2005），《當神祕學來敲門》，臺北：尖端。

文崇一（1967），《楚文化研究》，臺北：中研院民族所。

孔穎達等（1982），《周易正義》，十三經注疏本，臺北：藝文。

井上圓了著，蔡元培譯（1989），《妖怪學》，臺北：渤海堂。

天空為限（2012），《算命！99%的人都想知道的命運超好玩》，臺北
　　：柿子。

丘　印報導（2000.10.24），〈耶喜怎麼轉世為宇色〉，於《中國時報》第 34 版，臺北。

平　易口述，趙慕嵩撰稿（2014），《透視靈間：看透你的前世今生》，臺北：大塊。

左丘明（1974），《國語》，韋昭注本，臺北：藝文。

立花隆著，吳陽譯（1998），《瀕死體驗》，臺北：方智。

司馬遷（1979），《史記》，臺北：鼎文。

古添洪（1984），《記號詩學》，臺北：東大。

本店編輯部編（1980），《科學玄學論戰集》，臺北：帕米爾。

正見美術小組編著（2007），《正見——輪迴研究》，臺北：益羣。

史威登堡研究會編著，王中寧譯（2010），《通行靈界的科學家：史威登堡獻給世人最偉大的禮物》，臺北：方智。

白雲觀長春真人編纂（1995a），《無上秘要》，《正統道藏》第 42 冊，臺北：新文豐。

白雲觀長春真人編纂（1995b），《雲笈七籤》卷 54，《正統道藏》第 37 冊，臺北：新文豐。

宇　色（2011），《我在人間與靈界對話》，臺北：柿子。

宇　色（2012），《我在人間的靈異事件簿》，臺北：柿子。

艾　畦（2001），《超心理學》，臺北：考古。

伏　筆（2007），《觀靈術大秘辛》，臺中：瑞成。

如　實（2013），《別被假鬼神呼嚨了！》，臺北：零極限。

向立綱（2007），《活靈活現——看清影響你今生的前兩世》，臺北：新新聞。

向立綱（2009），《靈體、靈性、靈媒：活靈活現第三部》，臺北：萬世紀身心靈顧問。

向立綱（2010），《人與神：活靈活現第四部》，臺北：萬世紀身心靈顧問。

向立綱（2016），《回家　靈歸圓：活靈活現第十二部》，臺北：萬世紀身心靈顧問。

牟宗三（1986），《中國哲學十九講》，臺北：學生。

成和平（2002），《哈利波特的沈思》，臺北：臺灣商務。

成和平（2007），《靈異？別鬧了！》，臺北：臺灣商務。

朱建民（2003），《知識論》，臺北：空中大學。

江敬嘉（2008），《我是通靈人》，臺北：商訊。

江嘉葉（2013），《通靈人之果報輪迴》，臺北：宇河。

安德烈（2013），《神人對話錄：靈性體質的奧秘》，新北：遠景。

任繼愈等編著（1995），《佛教史》，臺北：曉園。

吉見俊哉（2009），《媒介文化論──給媒介學習者的十五講》，臺北：羣學。

全佛編輯部主編（2005），《佛教的護法神》，臺北：全佛。

何　休（1982），《公羊傳解詁》，十三經注疏本，臺北：藝文。

何秀煌（1988），《記號學導論》，臺北：水牛。

佚　名著，黃寶生譯（2017），《奧義書：生命的究竟奧秘》，新北：自由。

伶　姬（2003），《如來的小百合：一個現代通靈者的自述》，臺北：聯經。

伶　姬（2005），《鬱金香通靈屋》，臺北：聯經。

沈　謙（1995），《修辭學》，臺北：空中大學。

沈　嶸口述、米蘭達撰文（2009），《靈界使者──沈嶸之通靈事件簿》，臺北：采竹。

沈清松（1986），《解除世界魔咒──科技對文化的衝擊與展望》，臺北：時報。

沈國鈞（1987），《人文學的知識基礎》，臺北：水牛。

呂大吉主編（1993），《宗教學通論》，臺北：博遠。

呂亞力（1991），《政治學方法論》，臺北：三民。

宋光宇（1995），《宗教與社會》，臺北：東大。

李安宅（1978），《意義學》，臺北：臺灣商務。

李亦園（1998），《宗教與神話論集》，臺北：立緒。

李宗桐（1954），《中國古代社會史》，臺北：中華文化出版事業委員會。

李國榮等（2019），《意識結構：從新設定生命源頭，開啟最高自我的終極進化程式》，臺北：遠流。

李冀誠等（2007），《佛教百科·密宗卷》，臺北：額爾古納。

吳先琪（2014），《我與濟佛的因緣》，臺北：洪葉。

吳柄松（2003），《生死簿之物語》，桃園：吳柄松。

吳美雲採訪（2016），《與大師談天 2 孫儲琳：是特異功能？還是潛能？》，臺北：英文漢聲。

吳敏倫編（1990），《性論》，臺北：臺灣商務。

希拉蕊（2007），《非死即傷的惡靈實錄》，臺北：可道。

阮茂森（1979），《中國神妙學》，臺北：聯亞。

汪信硯（1994），《科學美學》，臺北：淑馨。

汪信硯（2010），〈全球化與反全球化──關於如何走出當代全球化困境的思考〉，於《北京大學學報（哲學社會科學版）》第 47 卷第 4 期（33～34），北京。

求那跋陀羅譯（1974），《雜阿含經》，《大正藏》卷 2，臺北：新文豐。

周　密（1986），《癸辛雜識》，四庫全書本，臺北：臺灣商務。

周敏煌報導（2003.12.3），〈兄弟自認遇鬼，尋求大法師〉，於《中國時報》第 A9 版，臺北。

周敦頤（1978），《周子全書》，臺北：臺灣商務。

周逸衡等（1996），《靈魂 CALL OUT——解讀靈魂完全手冊》，臺北：商周。

周鼎國（2018），《臺灣妖見錄：20 處日治妖怪踏查現場》，臺北：文經。

周慶華（2000），《中國符號學》，臺北：揚智。

周慶華（2002），《死亡學》，臺北：五南。

周慶華（2004），《語文研究法》，臺北：洪葉。

周慶華（2005），《身體權力學》，臺北：弘智。

周慶華（2006a），《靈異學》，臺北：洪葉。

周慶華（2006b），《語用符號學》，臺北：唐山。

周慶華（2007a），《語文教學方法》，臺北：里仁。

周慶華（2007b），《走訪哲學後花園》，臺北：三民。

周慶華（2008），《從通識教育到語文教育》，臺北：秀威。

周慶華（2009），《文學詮釋學》，臺北：里仁。

周慶華（2010），《反全球化的新語境》，臺北：秀威。

周慶華（2011a），《生態災難與靈療》，臺北：五南。

周慶華（2011b），《語文符號學》，上海：東方。

周慶華（2011c），《文學概論》，新北：揚智。

周慶華（2012a），《華語文文化教學》，新北：揚智。

周慶華（2012b），《文化治療》，臺北：五南。

周慶華（2016a），《文學經理學》，臺北：五南。

周慶華（2016b），《走上學術這條不歸路》，新北：生智。

周慶華（2017），《解脫的智慧》，臺北：華志。

周慶華（2019），《走出新詩銅像國》，臺北：華志。

周慶華（2020），《跟君子有約——在全球化風險中找出路》，臺北：華志。

秀　慈（2017），《通靈筆記》，臺北：笛藤。

金　澤（1999），《宗教禁忌》，北京：社會科學文獻。

林少雯（2006），《現代異次元3：如果萬般皆有因》，臺北：聯經。

林吉成（2011），《靈界導遊——帶你進入靈界聽靈界說鬼話》，臺北：宇河。

林金郎（2018），《神靈臺灣・第一本親近神明的小百科》，臺北：柿子。

林俊良（2008），《輪迴線索：前世今生體驗之旅》，臺北：水星。

林建法等選編（1987），《文學藝術家智能結構》，桂林：漓江。

林建農報導（2003.4.21），〈老刺桐結親　嫁妝一牛車〉，於《聯合報》第A5版，臺北。

林基興（2016），《在信仰之外——從科學角度談信念》，臺北：獨立作家。

林富士（1995），《孤魂與鬼雄的世界：北臺灣的厲鬼信仰》，臺北：臺北縣立文化中心。

林富士（2004），《漢代的巫者》，臺北：稻鄉。

林勝義（2017），《佛法奇蹟》，臺中：白象。

房玄齡等（1979），《晉書》，臺北：鼎文。

岳娟娟等（2005），《鬼神》，臺北：時報。

舍明那拉著，陳家猷譯（1998），《靈魂轉生的奧秘》，臺北：世茂。

紀　昀（1977），《閱微草堂筆記》，臺北：文光。

星　雲編著（1995），《佛教叢書之七：儀制》，臺北：佛光。

范　錡（1987），《哲學概論》，臺北：臺灣商務。

洪　邁（1981），《夷堅志》，北京：中華。

施　護譯（1974），《初分說經》，《大正藏》卷 14，臺北：新文豐。

施寄青（2004），《看神聽鬼：施寄青的通靈偵察事件簿》，臺北：大塊。

南山宏編著，陳宗楠譯（2014），《超神祕 X 檔案：靈異事件之謎》，臺北：人類智庫數位科技。

南懷瑾講述（2011），《答問青壯年參禪者》，臺北：老古。

姚周輝（1994），《神秘的幻術》，臺北：書泉。

馬昌儀（1999），《中國靈魂信仰》，臺北：雲龍。

馬書田（2012a），《冥間鬼神》，臺北：風格司藝術創作坊。

馬書田（2012b），《中國佛教諸神》，北京：團結。

柳川俠隱（1998），《向上帝借時間——命運管理學》，臺北：元尊。

品川嘉也等著，長安靜美譯（1997），《死亡的科學——生物壽命如何決定》，臺北：東大。

香港聖經公會（1996），《聖經》，新標點和合本，香港：香港聖經公會。

袁　枚（1987），《子不語》，石家莊：河北人民。

袁　珂（1995），《中國神話傳說》，臺北：里仁。

高　誘（1978），《淮南子注》，新編諸子集成本，臺北：世界。

高壽仙（1994），《中國宗教禮俗》，臺北：百觀。

高善禪師（2017），《天醫光啟轉化生命覺醒》，臺北：布克。

桐生　操著，許慧貞譯（2004），《世界幽靈怪奇物語》，臺北：新雨。

徐向東編著（2013），《穿梭空間的時光隧道》，新北：亞洲。

徐道鄰（1980），《語意學概要》，香港：友聯。

卿希泰等（2006），《道教史》，南京：江蘇人民。

索非亞（2009），《靈界的譯者：從學生靈媒到棒球女主審的通靈之路》，臺北：三采。

索非亞（2010），《靈界的譯者2：跨越生與死的40個人生問答》，臺北：三采。

個人新聞臺（2009.8.11），〈88水災，明天過後……〉，網址：http://mypaper.pchome.com.tw/ctot/post/1313600948，點閱日期：2012.1.10。

章　成（2011），《與佛對話──來自宇宙的十堂高階心靈課》，臺北：商周。

張　湛（1978），《列子注》，新編諸子集成本，臺北：世界。

張其錚（2012），《這些年，追我的阿飄們！業餘通靈人的療癒系鬼故事》，臺北：野人。

張開基（1995），《臺灣首席靈媒與牽亡魂》，臺北：張開基。

張開基（1999），《生死輪迴①靈界旅程的紀錄》，臺北：新潮社。

張開基（2000），《飛越陰陽界》，臺北：新潮社。

張開基（2004），《靈界的自殺亡魂》，臺北：新潮社。

張開基（2005），《生死輪迴②》，臺北：林鬱。

張開基（2013），《廣義靈魂學》（上下冊），臺北：宇河。

張漢良（1986），《比較文學理論與實踐》，臺北：東大。

張劍光等（2005），《流行病史話》，臺北：遠流。

許　慎（1978），《說文解字》，段玉裁注本，臺北：南嶽。

許地山（1986），《扶箕迷信底研究》，臺北：臺灣商務。

許倬雲（2017），《中國人的精神生活》，臺北：聯經。

許衡山（2011），《開天眼神通研究》，臺北：武陵。

許麗玲（2008），《老鷹的羽毛：現代女巫的生命探索之旅》，臺北：時報。

陳　壽（2018），《三國志》，北京：中華。

陳　黎（2012），《想像花蓮》，臺北：二魚。

陳秉璋（1990），《道德規範與倫理價值》，臺北：國家政策研究資料中心。

陳秉璋等（1990），《價值社會學》，臺北：桂冠。

陳信聰（2001），《幽冥得度——儀式的戲劇觀點：臺南市東嶽殿打城法事分析》，臺北：唐山。

陳夢家（1956），《殷墟卜辭綜述》，北京：科學。

陸西星（2000），《封神演義》，臺北：三民。

陶伯華等（1993），《靈感學引論》，臺南：復漢。

莊桂香（2005），《三種靈魂——我與躁鬱症共處的日子》，臺北：天下遠見。

康笑菲著，姚政志譯（2009），《狐仙》，臺北：博雅。

連銀三（2004），《生命輪迴的密碼》，臺北：大唐知識。

郭德芬（2015），《不要跟豬計較人生》，新北：零極限。

陶貓貓（2019），《見鬼之後：通靈港女陰陽眼實錄與靈譯告白》，臺北：時報。

通鑑文化編輯部編（2006），《名人生死懸疑》，臺北：人類智庫。

捷幼出版社編輯部主編（1992），《中國神仙傳記文獻初編》，臺北：捷幼。

紫　衣（2007），《紫衣的不可思議》，臺北：光采。

黃文博（2000），《臺灣人的生死學》，臺北：常民。

黃振輝（2005），《宇宙神祕學》，臺北：心理企管。

黃慶明（1991），《知識論講義》，臺北：鵝湖。

黃慶萱（1984），《修辭學》，臺北：三民。

筆先生（2012），《當臺大人遇見通靈人：科學與靈學的交鋒》，臺北：宇河。

曾仰如（1985），《形上學》，臺北：臺灣商務。

程振清（1994），《彌綸天地：記中國當代著名易經現代化應用專家赫英範》，桂林：漓江。

傅偉勳（1990），《從創造的詮釋學到大乘佛學——「哲學與宗教」四集》，臺北：東大。

費鴻年（1982），《迷信》，臺北：臺灣商務。

森安太郎著，王孝廉譯（1979），《中國古代神話研究》，臺北：地平線。

雲星道人集編（2010），《靈符神咒大觀》，臺南：正海。

雲鳳先生（2012），《黑心命理師最不想讓你知道的事》，臺北：松果體。

普拿大　劉（2007），《靈動的心理地圖》，臺北：扁鵲。

雷　升（2001），《上一次文明》，臺北：臺灣先智。

葛　洪（1978），《抱朴子》，新編諸子集成本，臺北：世界。

葛　洪（1988），《神仙傳》，增訂漢魏叢書本，臺北：大化。

源　淼（2007），《輪迴轉世之約》，臺北：春光。

楊　琳（1994），《語言與文化探幽》，長沙：湖南師範大學。

楊憲東（2004），《異次元空間講義：解讀靈異現象》，臺北：宇河。

詹石窗（2005），《道教文化十五講》，臺北：五南。

董仲舒（1965），《春秋繁露》，臺北：臺灣商務。

董芳苑（1984），《臺灣民間宗教信仰》，臺北：長青。

葉怡君（2006），《妖怪玩物誌》，臺北：遠流。

鳩摩羅什譯（1974），《中論》，《大正藏》卷30，臺北：新文豐。

慈誠羅珠堪布著，索達吉堪布譯（2007），《輪迴的故事——穿越前世今生，探索生命意義》，臺北：橡樹林。

廖云釩（2016），《ESP 通靈的智慧——調頻 Wi-Fi 啟動超能 APP》，臺北：金色次元管理顧問。

廖雨辰（2011），《我的通靈經驗》，臺北：采竹。

蒲松齡（1984），《聊齋誌異》，臺北：漢京。

趙雅博（1979），《知識論》，臺北：幼獅。

臺灣商務印書館編審委員會編（1978），《辭源》，臺北：臺灣商務。

黎　明編譯（2016），《密教的秘密》，臺北：益羣。

黎國雄（1994），《靈魂附體與精神療法》，臺北：希代。

黎國雄（1995），《解讀靈異現象》，臺北：希代。

慧　皎（1974），《高僧傳》，《大正藏》卷 50，臺北：新文豐。

慧　遠（1974），〈沙門不敬王者論〉，《弘明集》，《大正藏》卷 53，臺北：新文豐。

慧　嚴等加（1974），《大般涅槃經》，《大正藏》卷 12，臺北：新文豐。

蔡文華（1995），《前世今生的論證》，臺北：如來印經會。

蔡州隆（2013），《與巫對談：那些神明教我的事》，臺北：平安。

蔡佩如（2001），《穿梭天人之際的女人——女乩童的性別特質與身體意涵》，臺北：唐山。

蔡東楓（2001），《靈異問答題》，臺北：宇河。

蔡果億（2007），《找對神通搭對線》，臺北：橡實。

蔣正虎（2009），《命理師沒有告訴你的 9 件事》，臺北：大千。

蔣廷錫等編（1991），《神怪大典》，上海：上海文藝。

鄭志明（1998），《臺灣民間宗教結社》，嘉義：南華管理學院。

潘明雪（2013），《為什麼是我？菩薩找我當代言人》，臺北：宇河。

潘添盛（2005），《神奇的靈魂學》，臺南：西北。

劉宓慶（1993），《當代翻譯理論》，臺北：書林。

劉軍寧（1992），《權力現象》，臺北：臺灣商務。

劉清彥譯（2000），《死後的世界》，臺北：林鬱。

劉清彥譯（2001a），《儀式與魔法》，臺北：林鬱。

劉清彥譯（2001b），《神祕與預言》，臺北：林鬱。

劉清彥譯（2001c），《特異功能》，臺北：林鬱。

劉清彥譯（2001d），《心智的奧秘》，臺北：林鬱。

劉清彥譯（2001e），《鬼魂》，臺北：林鬱。

劉曉明（1995），《中國符咒文化》，南昌：百花州文藝。

樊馨曼（2014），《世上是不是有神仙：生命與疾病的真相》，臺北：橡樹林。

廚川白村著，林文瑞譯（1989），《苦悶的象徵》，臺北：志文。

隨　緣（2011），《靈界修行筆記》，臺北：宇河。

歐崇敬（2007），《靈魂學——新世紀的靈魂百科》，臺北：洪葉。

盧勝彥（2004a），《靈與我之間——親身經歷的靈魂之奇》，桃園：大燈。

盧勝彥（2004b），《走入最隱秘的陰陽界》，桃園：大燈。

盧勝彥（2005），《啟靈學——靈宗仙家修行密錄》，桃園：大燈。

鮑黎明（1998），《驚異的「陰間之旅」》，臺北：林鬱。

歷史祕密研究會著，王聰霖譯（2011），《令人戰慄の恐怖黑歷史》，新北：八方。

橫山國際靈學教育委員會編著（2005），《靈學寶典》，臺中：雙英。

蕭　兵（2001），《神話學引論》，臺北：文津。

戴　德（1988），《大戴禮記》，增訂漢魏叢書本，臺北：大化。

戴華山（1984），《語意學》，臺北：華欣。

鍾玉玕報導（2005.5.21），〈柯林頓手術時看到死亡黑臉〉，於《中國時報》第 A10 版，臺北。

謝國平（1986），《語言學概論》，臺北：三民。

關永中（1997），《神話與時間》，臺北：臺灣書店。

關辰雄（1996），《西洋文學典故》，臺北：文鶴。

關紹箕（2003），《後設語言概論》，臺北：輔仁大學。

瞿海源（1997），《臺灣宗教變遷的社會政治分析》，臺北：桂冠。

瀧川龜太郎（1983），《史記會注考證》，臺北：洪氏。

蘇家錦（2014），《卡到陰：一個造命世家的女兒，從卡陰、通陰陽到修行的靈界接觸》，臺北：橡實。

蘇樹華注譯（2019），《新譯阿彌陀經》，臺北：三民。

釋慧嚴（1998），《淨土概論》，臺北：東大。

櫻井識子著，龔婉如譯（2017），《與神連線——靈能世家親身實證！這樣聽見神的聲音》，臺北：方智。

歡喜八方（2011），《通靈師——靈的世界》，臺北：宇河。

欒保羣（2013a），《百鬼夜宴——那一夜，我們一起說魂》，臺北：柿子。

欒保羣（2013b），《百鬼夜宴——這些人，那些鬼》，臺北：柿子。

Aaron Chaze 著，蕭美惠譯（2007），《印度：下一個經濟強權》，臺北：財訊。

Alan Bullock 著，董樂山譯（2000），《西方人文主義傳統》，臺北：究竟。

Albert O. Hirschman 著，吳介民譯（2002），《反動的修辭》，臺北：新新聞。

Alberto Villoldo 著，許桂綿譯（2006），《印加靈魂復元療法——跨越時間之河修復生命、改造未來》，臺北：生命潛能。

Alfred J. Ayer 著，佚名譯（1987），《語言、真理與邏輯》，臺北：弘文館。

Alfred L. Webre 著，許淑媛譯（2017），《多次元宇宙》，臺中：一中心。

Andrea Dworkin 著，陳蒼多譯（2002），《性交》，臺北：新雨。

Andrew Vincent 著，羅慎平等譯（1999），《當代意識形態》，臺北：五南。

Ariel A. Roth 著，鄧婷等譯（2014），《起源，宇宙究竟是誰創作的》，臺北：時兆。

Arno Karlen 著，楊幼蘭譯（2000），《病菌與人類的戰爭》，臺中：晨星。

Auden Schendler 著，洪世民譯（2010），《綠能經濟學——企業與環境雙贏法則》，臺北：繁星多媒體。

Barbara R. Rommer 著，諶悠文譯（2005），《揭開生死之謎》，臺北：商周。

Berndard Lang 著，廖玉儀譯（2006），《天堂與地獄》，臺中：晨星。

Bill Emmott 著，葉佳怡譯（2018），《西方的命運：維繫人類文明的普世價值該何去何從？》，臺北：商周。

Brian L. Weiss 著，黃漢耀譯（2001），《前世今生之回到當下》，臺北：張老師。

Brian L. Weiss 著，譚智華譯（2003），《前世今生——生命輪迴的前世療法》，臺北：張老師。

Bronislaw Malinowski 著，朱岑樓譯（1996），《巫術、科學與宗教》，臺北：協志工業叢書。

Bruse Schneier 著，韓沁林譯（2016），《隱形帝國：誰控制大數據，誰就控制你的世界》，臺北：如果。

Budd Hopkis 著，劉偉祥譯（2004a），《羣魔亂舞的靈異事件簿》，臺北：達觀。

Budd Hopkis 著，劉偉祥譯（2004b），《陰氣逼人的超自然體驗》，臺北：達觀。

Carl B. Becker 著，王靈康譯（1997），《超自然經驗與靈魂不滅》，臺北：東大。

Charles Jancks 著，俞智敏等譯（1998），《文化》，臺北：巨流。

Chris Barker 著，羅世宏譯（2004），《文化研究——理論與實踐》，臺北：五南。

Claude Lévi-Strauss 著，楊德睿譯（2001），《神話與意義》，臺北：麥田。

Clemens Kuby 著，謝靜怡譯（2005），《邁向另一境界》，臺北：臺灣商務。

Corinne Mclaughlin 等著，陳蒼多譯（1998），《心靈政治學》，臺北：國立編譯館。

Dan Sperber 等著，蔣嚴譯（2008），《關聯：交際與認知》，北京：中國社會科學。

Daniel Foor 著，林慈敏譯（2019），《祖先療癒：連結先人的愛與智慧，解決個人、家庭的生命困境，活出無數世代的美好富足！》，臺北：橡樹林。

David Crystal 著，蔡淑菁等譯（2010），《語言的祕密》，臺北：貓頭鷹。

David Fromkin 著，王瓊淑譯（2000），《世界之道：從文明的曙光到 21 世紀》，臺北：究竟。

David F. Ford 著，李四龍譯（2000），《神學》，香港：牛津大學。

David Harvey 著，王志弘等譯（2008），《新帝國主義》，臺北：羣學。

David Held 等著，林佑聖譯（2005），《全球化與反全球化》，臺北：弘智。

David J. Skal 著，吳杰譯（2007），《魔鬼 Show：恐怖電影寫真》，臺北：書泉。

David K. Rendall 著，蔡承志譯（2013），《邊做夢邊冒險：睡眠的科學真相》，臺北：漫遊者。

David M. Friedman 著，陳紘德譯（2002），《那話兒：欲求與聖潔的神祕糾結》，臺北：藍鯨。

David Perkins 著，林志懋譯（2001），《阿基米德的浴缸——突破性思考的藝術與邏輯》，臺北：究竟。

David Wilcock 著，隋凡等譯（2012），《源場：超自然關鍵報告》，臺北：橡實。

Dee Spring 著，施婉清等譯（2004），《影像與幻象：解離性身分疾患（DID）之藝術治療手記》，臺北：心理。

Denis McQuail 著，楊志弘等譯（1996），《傳播模式》，臺北：正中。

Diane Macdonell 著，陳墇津譯（1990），《言說的理論》，臺北：遠流。

Dolores Cannon 著，張志華譯（2012），《地球守護者——地球實驗的阿卡西紀錄》，臺北：宇宙花園。

Doreen Virtue 著，詹采妮譯（2007），《靈療・奇蹟・光行者——一個博士靈媒的故事》，臺北：宇宙花園。

Douglas De Long 著，陶世惠譯（2008），《古代神祕學院入門書》，臺北：生命潛能。

Douwe Fokkeman 著，袁鶴翔等譯（1987），《二十世紀文學理論》，臺北：書林。

Edward Cell 著，衣俊卿譯（1995），《宗教與當代西方文化》，臺北：桂冠。

Emile Durkheim 著，芮傳明等譯（1992），《宗教生活的基本形式》，臺北：桂冠。

Erik Loomis 著，陳義仁譯（2017），《外包災難：揭穿大剝削時代商品與服務背後的真相，透視資本詭計的高 CP 值迷思》，臺北：漫遊者。

Ferdinand de Saussure 著，高名凱譯（1980），《普通語言學教程》，北京：商務。

Francis Crick 著，劉明勳譯（2000），《驚異的假說——克里克「心」、「視」界》，臺北：天下。

Françoise A. Leherpeux 著，曾義治譯（1989），《迷信》，臺北：遠流。

Frank Lentricchia 等編，張京媛等譯（1994），《文學批評術語》，香港：牛津大學。

Fred A. Wolf 著，呂捷譯（1999），《靈魂與物理——一位物理學家的新靈魂觀》，臺北：臺灣商務。

Fred Inglis 著，韓啟羣等譯（2008），《文化》，南京：南京大學。

Fred Krupp 等著，黎湛平譯（2010），《大契機：21 世紀綠能新經濟》，新北：木馬。

Freddy Silva 著，賴盈滿譯（2006），《麥田圈密碼》，臺北：遠流。

Frieder Lauxmann 著，許舜閔譯（2003），《漫步哲學花園的 33 條小徑》，臺北：究竟。

Friedrich W. Nietzsche 著，劉崎譯（1993），《上帝之死》，臺北：志文。

Friedrich W. Nietzsche 著，張念東等譯（2000），《權力意志》，北京：中央編譯。

F. M. Wuketits 著，萬怡等譯（2001），《惡為什麼這麼吸引我們？》，北京：社會科學文獻。

Gabrielle van Zuylen 著，幽石譯（1998），《世界花園》，臺北：時報。

Gary Zukav 著，廖世德譯（1996），《新靈魂觀》，臺北：方智。

Geoffrey Cornelius 等著，丁致良譯（2004），《占星學》，臺北：立緒。

George Anderson 著，林雨蒨譯（2017），《漫步靈魂花園間》，臺中：一中心。

George C. Homans 著，楊念祖譯（1987），《社會科學的本質》，臺北：桂冠。

Gerard I. Nierenberg 等著，張慧香譯（1987），《隱密的語言》，臺北：國際。

Giambattista Vico 著，朱光潛譯（1997），《新科學》，北京：商務。

Graham Hancock 著，李永平譯（1999），《上帝的指紋》，臺北：臺灣先智。

Hayden White 著，劉世安譯（1999），《史元：十九世紀歐洲的歷史意象》，臺北：麥田。

Harold Bloom 著，高志仁譯（2000），《千禧之兆》，臺北：立緒。

Helen Fisher 著，莊安祺譯（2000），《第一性——女人的天賦正在改變世界》，臺北：先覺。

Homer 著，羅念生等譯（2000），《伊利亞特》，臺北：貓頭鷹。

Huston Smith 著，梁永安譯（2000），《超越後現代心靈》，臺北：立緒。

Ian G. Barbour 著，章明義譯（2001），《當科學遇到宗教》，臺北：商周。

Ian Tattersall 著，孟祥森譯（1999），《終極的演化——人類的起源與結局》，臺北：先覺。

Jack Ryalls 等著，杜琬之譯（2005），《言語科學概論：從基礎理論到臨床應用》臺北，心理：。

Jacques Derrida 著，張寧譯（2004），《書寫與差異》，臺北：麥田。

James Kynge 著，陳怡潔等譯（2007），《中國撼動世界：飢餓之國崛起》，臺北：高寶國際。

James Van Praagh 著，林資香譯（2011），《與靈共存：一位靈魂療癒師讓亡者好走、生者安心的動人故事》，臺北：橡樹林等。

James Van Praagh 著，林慈敏譯（2017），《靈魂的冒險——穿越物質與靈魂次元的旅程》，臺北：宇宙花園。

Jan M. Broekman 著，李幼蒸譯（2003），《結構主義：莫斯科・布拉格・巴黎》，北京：中國人民大學。

Jane Roberts 著，王季慶譯（2010），《靈界的訊息》，新北：賽斯。

Jean-Michel Sallmann 著，馬振騁譯（1998），《女巫：撒旦的情人》，臺北：時報。

Jean Servier 著，吳永昌譯（1989），《意識形態》，臺北：遠流。

Jeff Lewis 著，邱誌勇譯（2005），《文化研究的基礎》，臺北：韋伯。

Jeremy Rifkin 著，蔡伸章譯（1988），《能趨疲：新世界觀——二十一世紀人類文明的新曙光》，臺北：志文。

Jim Holt 著，陳信宏譯（2016），《世界為何存在？》，臺北：大塊。

Joel Makower 著，曾沁音譯（2010），《綠經濟：提升獲利的綠色企業策略》，臺北：麥格羅·希爾國際。

John Hick 著，錢永祥譯（1991），《宗教哲學》，臺北：三民。

John Plender 著，陳儀譯（2017），《資本主義：金錢、道德與市場》，臺北：聯經。

Joseph Campbell 著，李子寧譯（1997），《神話的智慧》，臺北：立緒。

Joseph Cohen 著，但唐謨譯（2005），《啊！好屌》，臺北：大辣。

Joseph Rosner 著，鄭泰安譯（1988），《精神分析入門》，臺北：志文。

Julia Kristeva 著，吳錫德譯（2005），《思考之危境：克莉絲蒂娃訪談錄》，臺北：麥田。

Julius Fast 著，陳明誠譯（1986），《行為語言的奧祕》，臺北：國際。

Karen Armstrong 著，蔡昌雄譯（1999），《神的歷史》，臺北：立緒。

Karen Armstrong 著，賴盈滿譯（2005），《神話簡史》，臺北：大塊。

Karen Armstrong 著，林宏濤譯（2016），《血田：暴力的歷史與宗教》，臺北：如果。

Karen Farrington 著，謝佩妏譯（2006），《超自然的歷史》，臺北：究竟。

Karen Farrington 著，黃鳳等譯（2007），《巫怪的傳說》，太原：希望。

Karl R. Popper 著，程實定譯（1989），《客觀知識——一個進化論的研究》，臺北：結構羣。

Kay Deaux 等著，程實定譯（1990），《當代社會心理學》，臺北：結構羣。

Ken Wilber 著，龔卓君譯（2000），《靈性復興──科學與宗教的整合道路》，臺北：張老師。

Kenneth Ring 等著，李傳龍等譯（2003），《穿透生死迷思》，臺北：遠流。

L. James Hammond 著，胡亞非譯（2001），《西方思想抒寫》，臺北：立緒。

Larry Rother 著，鄭安潔譯（2011），《巴西，未來之國：集強盛經濟體和奇幻嘉年華的全球第五大經濟勢力》，臺北：高寶國際。

Leila Bright 著，雲琪譯（1998），《生命來自死亡──認識輪迴》，臺北：海鴿。

Lester C. Thurow 著，齊思賢譯（2000），《知識經濟時代》，臺北：時報。

Leszek Kolakowski 著，楊德友譯（1997），《宗教：如果沒有上帝……：論上帝、魔鬼、原罪以及所謂宗教哲學的其他種種憂慮》，北京：三聯。

Louis Dupré 著，傅佩榮譯（1996），《人的宗教向度》，臺北：幼獅。

Louis P. Pojman 著，江麗美譯（1997），《生與死──現代道德困境的挑戰》，臺北：桂冠。

Lynne McTaggart 著，蔡承志譯（2006），《療癒場──探索意識和宇宙的共振能量場》，臺北：商周。

Manuel Castells 著，夏鑄九等譯（1998），《網絡社會之崛起》，臺北：唐山。

Marc Dugain 著，翁德明譯（2018），《裸人：數位新獨裁的世紀密謀，你選擇自甘為奴，還是突圍而出？》，臺北：麥田。

Margaret Wertheim 著，薛絢譯（2000），《空間地圖：從但丁的空間到網路的空間》，臺北：臺灣商務。

Marilyn Raphael 等著，吳孝明等譯（2006），《美國靈媒大師瑪麗蓮：通靈大師的精采人生暨見證》，臺北：智庫。

Marilyn Raphael 著，江麗美譯（2012），《天堂漫遊——跟著靈媒大師瑪麗蓮漫遊天堂》，臺北：智庫。

Martin Gardner 著，沈麗文譯（2006），《看看這個不科學的宇宙》，臺北：遠流。

Mary Bassano 著，江佩娟譯（1997），《光——思索光的本質》，臺北：世茂。

Mary Roach 著，貓學步譯（2019），《活見鬼！世上真的有阿飄？科學人的靈異世界之旅》，臺北：時報。

Max Weber 著，于曉等譯（1988），《新教倫理與資本主義精神》，臺北：谷風。

Melvin Morse 等著，李福海譯（1994），《跨越生死之門——從眾多的醫學研究獲得證實》，臺北：希代。

Melvin Rader 編，傅佩榮譯（1984），《宗教哲學初探》，臺北：黎明。

Michael Devitt 等著，蔡承志譯（2003），《語言與真實》，臺北：國立編譯館。

Michael Newton 著，曾怡菱譯（2003），《靈魂的旅程》，臺北：十方書。

Moltmann Wendel 著，刁承俊譯（1994），《女性主義神學景觀——那片流淌著奶和蜜的土地》，香港：三聯。

Monika Muranyi 著，溫璧錞譯（2018），《靈魂的真相：靈魂到底是什麼？克里昂為我們揭開它神秘的面紗》，臺北：一中心。

Mortimer J. Adler 著，劉遐齡譯（1986），《六大觀念》，臺北：國立編譯館。

Nathalie Abi-ezzi 等著，李淑寧譯（2011），《奇蹟女孩》，臺北：泰電電業。

Nathaniel Lachenmeyer 著，李安琪等譯（2006），《13——你最好更信它，否則就倒大楣》，臺北：商周。

Noam Chomsky 著，林佑聖等譯（2003），《恐怖主義文化》，臺北：弘智。

O'MARA Foundation 著，佚名譯（2005a），《鬼魂之謎》，臺北：晶石。

O'MARA Foundation 著，佚名譯（2005b），《人類極限》，臺北：晶石。

Pamela Kribbe 著，郭宇等譯（2010），《靈性煉金術——激勵人心的約書亞靈訊》，臺北：方智。

Patricia L. Owen 著，廣梅芳譯（2003），《憂鬱心靈地圖》，臺北：張老師。

Patricia T. Clough 著，夏傳位譯（1997），《女性主義思想：欲望、權力及學術論述》，臺北：巨流。

Patricia Waugh 著，錢競等譯（1995），《後設小說——自我意識小說的理論與實踐》，臺北：駱駝。

Peter Brooker 著，王志弘等譯（2003），《文化理論詞彙》，臺北：巨流。

Peter Kunzmann 等著，黃重添譯（2007），《dtv 哲學百科》，臺北：商周。

P. C. W. Davies 等著，廖力等譯（1994），《超弦——一種包羅萬象的理論？》，北京：中國對外翻譯。

Phil Cousineau 主編，宗偉航譯（1998），《靈魂筆記（靈魂考）》，臺北：立緒。

Philip Jenkins 著，梁永安譯（2003），《下一個基督王國》，臺北：立緒。

Plato 著，侯健譯（1989），《柏拉圖理想國》，臺北：聯經。

Reinhold Niebuhr 著，關勝渝等譯（1992），《基督教倫理學詮釋》，臺北：桂冠。

Richard Caves 著，仲曉玲等譯（2007），《文化創意產業——以契約達成藝術與商業的媒合》，臺北：典藏。

Richard D. Precht 著，錢俊宇譯（2010），《我是誰？——如果有我，有幾個我？》，臺北：啟示。

Richard Dewitt 著，唐澄暐譯（2015），《世界觀：現代年輕人必懂的科學哲學和科學史》，新北：夏日。

Rick stack 著，林明秀譯（2004），《簡易靈魂出體》，臺北：方智。

Risieri Frondizi 著，黃藿譯（1988），《價值是什麼——價值學導論》，臺北：聯經。

Robert A. Monroe 著，翔翎譯（1993），《靈魂出體》，臺北：方智。

Robert Muchembled 著，張庭芳譯（2007），《魔鬼的歷史》，臺北：五南。

Robert Scholes 著，劉豫譯（1992），《文學結構主義》，臺北：桂冠。

Rohert L. Whiteside 著，葛又平譯（1988），《表情語言的奧祕》，臺北：國際。

Roland Barthes 著，屠友祥譯（2004），《S／Z》，臺北：桂冠。

Ronald Dworkin 著，梁永安譯（2016），《沒有神的宗教》，新北：立緒。

R. V. Johnson 著，蔡源煌譯（1980），《美學主義》，臺北：黎明。

Samuel P. Huntington 著，黃裕美譯（1997），《文明的衝突與世界秩序的重建》，臺北：聯經。

Sandra Vandermerwe 著，齊思賢譯（2000），《價值行銷時代——知識經濟時代獲利關鍵》，臺北：時報。

Sasha Fenton 著，朱玫菁譯（2007），《通靈教戰手冊——開發你的通靈潛能》，臺北：萊韻。

Sean Carroll 著，蔡承志譯（2017），《詩性的宇宙：一位物理學家尋找生命起源、宇宙與意義的旅程》，臺北：八旗。

Sonja K. Foss 等著，林靜伶譯（1996），《當代語藝觀點》，臺北：五南。

Spencer Wells 著，潘震澤譯（2011），《潘朵拉的種子：人類文明進步的代價》，臺北：天下遠見。

Stanley Krippner 等著，易之新譯（2004），《超凡之夢》，臺北：心靈工坊。

Stella M. Trevez 著，林雨蒨譯（2006），《我 44 歲，兒子 53 歲》，臺北：商周。

Stephen C. Hetherington 著，林逢祺譯（2002），《知識之謎——知識論導引》，臺北：學富。

Stephen D. King 著，吳煒聲譯（2018），《大退潮：全球化的終結與歷史的回歸》，臺北：日月。

Steven R. Conklin 著，黃語忻譯（2004a），《不可思議的超能力》，臺北：亞洲。

Steven R. Conklin 著，黃語忻譯（2004b），《不可思議的生命輪迴》，臺北：亞洲。

Steven R. Conklin 著，黃語忻譯（2004c），《超自然的神祕世界》，臺北：亞洲。

Steven R. Conklin 著，黃語忻譯（2004d），《超文明的神祕力量》，臺北：亞洲。

Steven R. Conklin 著，黃語忻譯（2004e），《令人戰慄的神祕咒語》，臺北：亞洲。

Steven R. Conklin 著，黃語忻譯（2004f），《超自然的神祕現象》，臺北：亞洲。

Steven R. Conklin 著，黃語忻譯（2004g），《令人戰慄的神祕地域》，臺北：亞洲。

Steven R. Conklin 著，黃語忻譯（2004h），《穿梭空間的時光隧道》，臺北：亞洲。

Steven R. Conklin 著，黃語忻譯（2004i），《不可思議的超文明奇蹟》，臺北：亞洲。

Steven R. Conklin 著，黃語忻譯（2006），《光怪陸離的生物謎團》，臺北：亞洲。

Steven R. Fischer 著，陳萱芳等譯（2009），《語言的歷史》，臺北：商周。

Stuart Isacoff 著，陳相如譯（2002），《平均律》，臺北：藍鯨。

Sylvia Browne 著，黃漢耀譯（2005），《來自靈界的答案》，臺北：人本自然。

Terence Hawkes 著，陳永寬譯（1988），《結構主義與符號學》，臺北：南方。

Terry Eagleton 著，聶振雄等譯（1987），《當代文學理論導論》，香港：旭日。

Tim O'Sullivan 等著，楊祖珺譯（1997），《傳播及文化研究主要概念》，臺北：遠流。

Tim Tucker 著，林羣華譯（2008），《當你的小孩想起前世：兒童前世記憶的科學調查檔案》，臺北：人本自然。

Thomas Kida 著，陳筱宛譯（2010），《別掉入思考的陷阱！》，臺北：商周。

Umberto Eco 等著，王宇根譯（1997），《詮釋與過度詮釋》，北京：三聯。

Veronica Ions 著，杜文燕譯（2005），《神話的歷史》，臺北：究竟。

Victoria Fromkin 等著，黃宣範譯（1999），《語言學新引》，臺北：文鶴。

Vijay Mahajan 著，陳碧芬譯（2010），《非洲崛起：超乎你想像的 9 億人口商機》，臺北：高寶國際。

Walter M. Brugger 編著，項退結編譯（1989），《西洋哲學辭典》，臺北：華香園。

William Styron 著，江正文譯（2001），《看得見的黑暗──走過憂鬱症的心路歷程》，臺北：究竟。

Wolfgang Behringer 著，李中文譯（2005），《巫師與巫術》，臺中：晨星。

Zygmunt Bauman 著，谷蕾等譯（2018），《廢棄社會：過剩消費、無用人口，我們將淪為現代化的報廢物》，臺北：麥田。

國家圖書館出版品預行編目資料

靈異語言知多少 / 周慶華著. -- 初版. --
臺北市：華志文化, 2020.05
面； 公分. -- (後全球化思潮；3)
ISBN 978-986-98313-7-6(平裝)
1.通靈術

296   109004732

華志文化事業有限公司

系列// 後全球化思潮03
書名// 靈異語言知多少

作者　周慶華
執行編輯　楊雅婷
美術編輯　簡煜哲
封面設計　王志強
文字校對　陳欣欣
企劃執行　康敏才
總編輯　黃志中
社長　楊凱翔
出版者　華志文化事業有限公司
電子信箱　huachihbook@yahoo.com.tw
電話　0937075060
地址　116台北市文山區興隆路四段九十六巷三弄六號四樓

總經銷　旭昇圖書有限公司
地址　235新北市中和區中山路二段三五二號二樓
電話　02-22451480
傳真　02-22451479
郵政劃撥　戶名：旭昇圖書有限公司（帳號：12935041）
書號　G403
出版日期　西元二○二○年五月初版第一刷

PRINT IN TAIWAN

華志文化